JN440603

박영록 시조집

산노을 골 물소리

박영록 시조집

산고을 골 물소리

박 영 록 지음

한국문화사

■ 자서(自序)

산 노을 골 물소리

나는 충남 논산시 연무읍 고내곡 마을에서 태어난 하나의 산사(散士)이다. 이 마을은 백두대간 남부 영취산에서 갈라져 장안산 마이산 조약봉 분기점에서 금강 정맥 운장산(주즐산) 왕사 봉에서 금강기맥이 갈라져 말 골재를 넘어 크고 작은 봉우리가 엎드렸다 일어나고 몸을 틀면서 구불구불 기어 가다가 옥녀봉을 거쳐 소용 고개를 넘어 성태 봉을 우뚝 솟아 양팔을 벌려 항아리를 안는 자세로 서쪽을 향하여 소쿠리 모양을 만들어 마을을 보듬고 있어 아늑하고 조용한 마을이다.

가끔 관세정(觀世亭)에 올라 세상의 흐름을 살펴보고 지나온 행동을 돌아보면서 겸손한 덕이 마음에 쌓여 마침이 있기를 기원하며 산야의 변화를 보곤 한다.

봄이 오면 온갖 꽃이 함께 웃어 금수장(錦繡帳)을 펼치는가 하면, 여름이 오면 푸른 나무가 우거진 숲속에서 꾀꼬리가 노래를 부르고, 가을이 오면 누런 보름달과 중구(重九)의 노란 들국화는 모두 가련(可憐)한 모습을 보이기도 하고, 겨울이 오면 하얀 눈이 차가운 푸른 소나무와 대나무 숲에 앉아 조촐한 선비의 정신을 보여 주는 듯싶기도 한 곳이다.

1995년 늦깎이로 월간문학에서 공모하는 신인작품상 시조에 응모하여 당선되면서 문단에 나와 회갑을 기념하여 시조·漢詩·序跋 등 산문을 묶어 「虛靜不如」를 낼 때 3부에 현대시조를 실어 발표한 바 있다.

그 후 씨얼문학회, 청운문학회 등에서 문단생활을 하면서 발표한 작품들을 들추어 부족한 것은 버렸다가 아차! 왜 버렸을까 하고 아깝다 생각되는 것들은 휴지통을 뒤질 때 후회도 하였다.

그때마다 우주와 소우주인 인간이 서로의 기쁨[喜] 노여움[怒] 근심[憂] 생각[思] 슬픔[悲] 무서움[恐] 놀라움[驚]의 감정을 서로 소통하면 어떨까 하여 마음이 착잡하게 맴돌 때마다 형형색색의 느낌으로 구현해본다. 이런 감정이 처음에는 가는 실오라기로 일어나 나중에는 우주에 펼쳐질 거라는 막연한 생각도 한다.

그러나 이미 발표하였던 작품을 다시 생각하여 시어를 다듬고, 새로이 발표한 것들을 정리하여 엮은 것이 첫 번째 시조집 「산 노을골 물소리」이다.

이 책과 기간(旣刊)된 「瑞棠逸錄」, 「默齋實紀」, 「虛靜不如」, 「內山遺痕」 와 공저(共著)로 「義谷遺文」, 「松月堂三代」, 「천기요결」, 미구(未久)에 조판에 부칠 「誠慕齋誌」 발표했던 한시와 서발, 산문을 새로 엮을 「煌谷文集」과 함께 姉妹篇으로 하여 나의 황곡서실 책꽂이에 나란히 꽂으려 한다.

2017(丁酉) 8월 일 황곡 박영록 드림

■ 차례

■ 자서 _ 산 노을 골 물소리 5

바다의 몸놀림(3수)

도시인(都市人)의 일상(日常) 21
바다의 몸놀림 22
서울 바람개비 23

가을에 떠난 임(22수)

청헌 신병호 임의 팔순에 부쳐 29
친우 김명수 군을 애도하며 30
장례유감(葬禮有感) 31
조찬 세미나 200회에 부쳐 32
가정의례 봉정 (1) 33
가정의례 봉정 (2) 34
단지(斷指)로 보은한 정종수의 효심 35
1998년(戊寅) 春日 화갑기념 축시 36
들꽃 37
보름달(대보름) 38
양귀비는 당황하고(華淸池) 39
서안의 비림(Xian碑林) 40
춘면(春眠) 41
가람 이병기(李秉岐) 선생을 기리며 42
낙엽(落葉)의 노래 43
중환자실 44
아내의 암(癌)투병기(鬪病記) 45

청산도(青山島) 46
점(點)과 선(線)의 합창(合唱) 47
적막(寂寞)은 흐르고 48
꽃샘추위 49
가을에 떠난 임 50

굴렁쇠에 감긴 세월 (28수)

괌도의 여정(旅程) (1) 53
괌도의 여정(旅程) (2) 54
괌도의 여정(旅程) (3) 55
하와이의 진주만에서 56
청학동(青鶴洞)에서 (1) 57
청학동(青鶴洞)에서 (2) 58
동해의 새벽을 열며 59
아산찬가(牙山讚歌) 60
천지(天池)는 말이 없고 (1) 62
천지(天池)가 말이 없고 (2) 63
백두영산(白頭靈山) 64
소(丁丑)의 해를 맞으며 65
송구영신(送舊迎新) (1) 66
대천 겨울바다 67
굴렁쇠에 감긴 세월 (1) 68
4 · 19 국립묘지(四一九國立墓地) 70
새로 지은 모정(茅亭)에서 71
굴렁쇠에 감긴 세월 (2) 72
막내 딸 재은의 결혼식 73

송구영신(送舊迎新) (2) 74
송구영신(送舊迎新) (3) 75
만리장성(萬里長城) 76
거제 해금강 유람 77
계미년의 새아침 78
소록도(小鹿島)의 단상(斷想) 79
군학리(群鶴里) 찬(讚) 80
고향생각(고내곡) 81
황토방(黃土房) 82

세월이랑 나이랑 (26수)

문병(問病) 85
선운사(禪雲寺) 동백 숲 86
처서(處暑) 87
노점상(露店商)의 풍경 88
가을의 문턱을 넘으며(處暑) 89
반구정(畔鳩亭) 90
만년설의 꿈(HOLOGATE) 91
세월이랑 나이랑 92
석송령(石松靈) 93
밤길 94
거꾸로 본 나의 삶 95
요세미티(Yosemite) 96
화갑을 맞으며(庚辰年六十一周年) 97
삼수령(三水嶺) 98
새 천년의 여명(黎明) 99

사을기(寺乙基)의 밤 100
아내의 빈자리 101
태풍 '메기' 102
파도의 톱질 103
고내리의 추억 104
바람을 찾아서 105
문성암(文星巖) 106
무릉선경(武陵仙境) 107
원가계 천하제일교(袁家界 天下第一橋) 108
설화(雪花) (1) 109
월아천(月牙泉) 110

사모곡 (26수)

박문삼절(朴門三節) (1) 113
박문삼절(朴門三節) (2) 114
선산에 백송(白松)을 심고 115
아버님의 수실(壽室)에서 116
사모곡(思母曲) (1) 117
부자(父子)의 정(情)이 흐르는 강(江) 118
목련찬가(木蓮讚歌) (1) 119
목련찬가(木蓮讚歌) (2) 120
굴비의 일생 121
깊은 밤 시골 소리 122
월현사(月峴祠) 123
시루 떡 124
태백산 천제단(天祭壇) 125

매화비가 내리던 날 126
백목련이 피는 뜻은 127
백학이여 울어 보렴 128
미혼대(迷魂臺) 129
십리화랑(十里畫廊) 130
동그라미(無終有始) 131
아니 벌써? 132
겨울잠(冬眠) 133
막고 굴(莫高窟) 제198호 와불 134
도를 얻으려면 천기에 맡겨라(水滴石穿) (1) 135
도를 얻으려면 천기에 맡겨라(繩鉅木斷) (2) 136
숲의 소리 137
휴전선(休戰線) 138

채석강의 노을(25수)

꿈나무 141
금수강산(錦繡江山) 142
채석강(彩石江)의 저녁노을 143
칠산도(七山島)의 천일염 144
매화는 벙글고 145
꽃비 146
불나비 147
흙을 뚫은 새싹 147
어느 봄날의 오후 149
개나리 꽃 150
대나무 151

새벽 풍경 152
한가람(漢江) 천삼백 리 153
폭포 154
산사(山寺) 155
신음하는 한탄 가람 156
눈꽃(雪花) (2) 157
경칩(驚蟄) 158
무궁화(無窮花) 159
흔들바위 160
남북정상회담(南北頂上會談) 161
구미정(九美亭) 162
상춘(賞春) 163
봄눈(春雪) 164
보리물결 165

그대의 강에 흐르는 꽃씨 (21수)

나뭇잎 169
새벽을 깨우며 170
그대의 강에 흐르는 꽃씨 171
야간작업(夜間作業) 172
세계시인 낭송회 전야제 173
풍요(豐饒)로운 가을 174
대한민국(大韓民國) 50년 175
바람의 힘 (1) 176
농군의 하루 177
위기 극복을 위한 기다림 178

아침이슬 179
봄나들이 180
가산의 봉평 나들이 181
나목(裸木) (1) 182
봄비 (1) 183
상사화(相思花) 184
능소화(凌宵花) 185
대밭에서 186
구름(cloud) 187
파도(波濤) 188
선인취와형(仙人醉臥形) 189

두메산골 내 고향(고내곡) (30수)

동백의 미소 193
두메산골 내 고향 고내곡 194
봄의 사연 195
천장비지(天藏秘地)의 조화(造化) 196
진달래꽃 197
일상(日常) 198
치매(癡呆) (1) 199
치매(癡呆) (2) 200
호드기 201
아카시아 꽃 202
봄비 (2) 203
꽃망울 204
모과(木瓜)꽃 205

태백산의 영기 206
명경지수(明鏡止水) 207
허정불여(虛靜不如) 208
소꿉친구 209
덩·꽃 덩(꽃가마) 210
할미꽃 (1) 211
다람쥐 쳇바퀴 도는 삶 212
꿈나무에 영근 열매 213
정월 대보름 214
할미꽃(2) 215
옛 생각 216
두루미 217
목련꽃 218
수양버들(垂楊) 219
인수봉(仁壽峰) 220
도보 장수 221
이변(異變) (2) 222

해오름에서 해거름까지 (26수)

선달의 매화[歲暮寒梅] 225
좋은 봄날에[芳春佳節] 226
그리움 227
뿌리로 돌아가는 길(歸根) 228
비의 향연 229
비 오는 날 230
삼복(三伏) 231

기다림 232
청운의 꿈 233
와불상(臥佛像) 234
가야금(伽倻琴) 235
건체강심(健體康心) 236
위에니라(颱風) 237
산책길 238
시간(時間) 239
그리그(Edvard Hagerup Grieg) 240
이변(異變) (1) 241
돈네샵 수상마을 유감(캄보디아) 242
중환자실 243
꽃샘추위 244
해오름에서 해거름까지 245
성모재(誠慕齋)를 보수(補修)하고 246
삼성산(三聖山) 자락에서 247
이사(移徙) 248
변신(變身) 249
신춘소묘(新春素描) 250

용문사 은행나무(27수)

화산서원(華山書院) -重建을 축하하며 253
캄보디아 앙코르와트 254
넋 나간 늙은 백곰 255
고향의 소리 256
기도(祈禱) 257

골프장 258
못 믿을 약속 259
용문사 은행나무 260
나목(裸木) (2) 261
해빙은 오는 건가 262
진통(陣痛) 263
황석채 가는 길 264
삼백회 기념논총 발간에 부쳐 265
버들개지 266
요즘의 매미 267
사부곡(思父曲) (2) 268
개 꿈 269
무덤(松楸) 270
자귀나무 꽃 271
수명 120세 시대 272
흥(興)타령 273
매화(梅花) 274
열린 정치 275
목동(牧童) 276
요지경(瑤池鏡) 277
졸부(猝富)와 모리배(謀利輩) 278
정치학 강의에 부쳐 279

관정파기(모내기) (22수)

서원(西原)의 망선루(望仙樓) 283
남산골딸깍발이 샌님 284

밤꽃(栗花) 285
월드컵 축구 팔강에 진출하다 286
칭송은 금성(錦城)골에 파다하고 287
화산서원 중건을 축하하며 288
배롱나무(百日紅) 289
갈구(渴求) 290
촛불의 눈물 291
중용(中庸) 292
깨달음 (1) 293
깨달음 (2) 294
새벽 성묘길 295
눈(雪) 296
관세정(觀世亭) 297
모정(慕情) 298
무성(無聲)의 절규(絕叫) 299
솔숲에서 300
관정파기(모내기) 301
우리가락 302
대나무 개화병(開化病) 303
훈민정음(訓民正音)해례본을 읽고 304

■ 해설 鄕愁를 꽃 피운 敍情 _ 金光洙 305

바다의 몸놀림

도시인(都市人)의 일상(日常)

암호로 잠겨 있는 빗장을 열어 가며
더러는 직선으로 때로는 곡선으로
그렇게 일상의 문턱을 조심스레 넘는다.

층층이 쌓아 올린 시멘트 벽 사이로
윤리(倫理)는 빠져나와 계단 위를 구르다가
시궁창 그 깊이에서 헤엄치고 있었다.

녹슬어 꾸부러진 굴렁쇠 굴러가듯
빛바랜 골목길을 비틀비틀 걷다 보면
네온은 각혈(咯血)을 쏟아 발자국을 적신다.

무엇을 입력(入力)해야 오늘이 살아날까
가래침 끓는 소리 퀴퀴한 그 냄새가
단단한 철창 속에서 빠져 날 수 있을까.

1996 7월 1일 ≪월간문학≫ 통권329호 135~138쪽
제79회 신인작품상 시조 당선작 수상

바다의 몸놀림

바다는 온몸으로 시를 쓰고 있나 보다
더러는 가난하게 아니면 넉넉하게
한 세상 살아온 대로 시를 쓰고 있나 보다.

바다는 온몸으로 춤을 추고 있나 보다
하루는 잔잔하게 다음 날은 드높으게
비바람 장단에 맞춰 춤을 추고 있나 보다.

바다는 온몸으로 노래를 부르나 보다
어제는 애절하게 오늘은 신들리게
구름이 흐르는 대로 노래를 부르나 보다.

1996 7월 1일 ≪월간문학≫ 통권329호 135~138쪽
제79회 신인작품상 시조 당선작 수상

서울 바람개비

이 고장 사대문(四大門)이 삐걱대며 열렸을 땐
흰 옷 걸친 머스마가 물빛으로 모여 앉아
한 뼘씩 키워 온 꿈을 자로 재곤 했었다.

아픔을 문신(文身)하는 인사동(仁寺洞) 좁은 길은
창백한 기억들로 너울대는 시각공간
저 단청(丹靑) 흐르는 빛은 슬픔인가 한(恨)인가.

해 거름 놀에 타는 63빌딩 유리창에
도금한 얼굴들이 사방(四方)에서 모여들면
한강은 꿈속에서도 불면(不眠)으로 눈을 뜨네.

티눈만 더해 가는 허기진 통일로(統一路)는
하나도 둘도 아닌 시작도 끝도 아닌
저렇듯 몰려만 드는 물음표를 엇지랴.

아무리 엎질러도 청자(靑瓷)빛 내 하늘이
경복궁(景福宮) 매운 둘레 뜰 가득 넘치는 날엔
엄지손 꼿꼿이 세워 녹슨 문을 열어야지.

1996 7월 1일 ≪월간문학≫ 통권329호 135~138쪽
제79회 신인작품상 시조 당선작 수상

●제79회 신인작품상 심사평●

시조부문

먼저 예선에 오른 작품은 다섯 사람의 35~6편 남짓한 정도 모두 그만 그만한 수준을 유지한 가운데 기대할 만큼 놀랄 만한 작품의 수준 이상이나 이하를 발견할 수 없다는 느낌이 들었다.

다만 앞으로 계속 열정의 깊이를 더한다면 가능하리라는 예측을 주는 작품은 멀리 미주지역에서 응모해온 金泓求를 비롯한 최대규·윤관·이복순 등인데 좀 더 산뜻한 맛과 독특한 개성미를 지녔으나, 시조 시다운 멋스러운 묘미는 미흡하다는 아쉬움을 주었다.

그러나 마지막까지 남은 박영록의 〈도시인의 일상〉과 〈서울 바람개비〉, 〈바다의 몸놀림〉 등은 모두가 고른 수준을 갖춘 채 작품의 탄력성과 시조를 바로 세우는 일에 적잖은 연륜을 쌓았음을 시사한 반면, 좀 더 자신의 목소리를 확고히 드러내는 개체성을 실었다면 좋은 결과를 기대할 수 있을 것이다.

앞으로 차분히 뜸 들인 개성이 강한 작품을 선보여 주길 바라면서 두 선자의 의견을 모았다.

따라서 5편 중에서 위에 3편을 이번에 당선작으로 밀며 짙은 문학과 인간성을 겸비한 진정한 시조시인이 되기를 기대해본다.

심사위원 유성규·이은방

●제79회 신인작품상 시조 당선소감●

어려서부터 문학에는 소질이 없다고 생각하여 노력도 하지 않았지만, 시조에 대해서만은 서당(書堂)에서 천자문(千字文)을 배우던 때부터 관심이 있었던 것 같습니다.

세월의 흐름을 알지 못하고 앞만 보고 달려오다가 우연한 기회에 지나온 날들을 되돌아 반추해보며 답답하고 가슴 한구석이 텅 비어 있는 것 같은 허전함을 가눌 길이 없었습니다. 가슴속의 빈 공간을 채워 줄 만한 마음의 양식을 생각하던 중에 유년 시절에 선배학동들과 어울려 음풍농월(吟風弄月)하며 한시(漢詩)를 읊조렸던 생각이 떠올라 동아문화센타를 찾아가면 좋은 해답이 나올 것 같아 시간을 내어 시조연구반의 문을 두드렸던 것입니다.

솔직히 말해서 내가 공부하고 싶던 한시(漢詩)가 아닌데다가 시조연구반의 강의(講義)가 횟수를 더해 갈수록 점점 더 어려워지면서 점점 자신감을 잃어가고 있을 즈음에 월간문학 신인작품상에 응모를 하였고, 이우종 선생님으로부터 응모한 작품이 당선되었다는 소식을 듣게 되었습니다. 그러나 기쁘기보다는 오히려 부끄럽고 얼굴이 달아오르면서 두 어깨에 천만 근의 쇳덩이를 매달아 놓은 듯한 중압감이 엄습해 왔습니다.

이러한 자리에 설 수 있도록 이끌어 주신 이우종 선생님께 고맙다는 인사와 함께 이 영광을 아내에게 드리며, 작품을 선택하여 주신 심사위원 두 분 선생님께 정말 감사드립니다.

월간문학이 나의 작품을 선택하여 주신 것은 더욱 열심히 공부하라는 채찍으로 알고 기억하며, 남은 시간 민족시(民族詩)의 꽃이라 할 수 있는 시조(時調) 공부에 더욱 정진(精進)하려 합니다.

96-105

賞　狀

新人作品賞　　박 영 록

위의 사람은 韓國文人協會 發刊 月刊文學誌에서 有能한 新人登龍을 위하여 制定한 新人作品賞 第79回 시조 部門에서 拔群의 力量으로 當選되었으므로 이에 賞狀을 授與함

1996年 10月 23日

社團法人 韓國文人協會

理事長

가을에 떠난 임

청헌 신병호 임의 팔순에 부쳐

-1994년 五月 二十五日辛亥-

청헌(淸軒)을 내가 안건 연민(淵民)선생 서실이고
서로가 만난 곳은 해정선생(海靜先生) 집일레라
자연의 순환이치를 연구하는 자리지.

신옹(辛翁)은 내외분이 한생을 해로(偕老)하며
아들딸 육남매(六男妹)를 아름답게 길러내고
팔질(八耋)의 노신사에게선 안정감이 맴도네.

청장년(靑壯年) 젊어서는 나라 위해 몸 바쳤고
노년(老年)에 들어서는 선영(先塋) 위해 효행하는
흐뭇한 미소(微笑) 가에는 넉넉함이 보이네.

노옹(老翁)의 자손들이 축시집을 펴내려고
강호(江湖)의 문사(文師)에게 운자를 알렸나니
하객(賀客)들 시어를 낚아 차운(次韻)으로 답하네.

친우 김명수 군을 애도하며

오호라 슬프구나 광산(光山)김공 명수 군
친구들 마다하고 신선(神仙)에 오르는고
환갑(還甲)도 아직 멀었는데 무에 그리 바쁜가.

한복에 짚신 신고 공을 차던 그 기백은
학우들 기억 속에 고스란히 남겨두고
말없이 눈물 흘리며 허공만 보는구나.

그대는 기억하나 서울로 올라와서
친구 찾아 묻고 물어 강의실 왔다했지
둘이서 밤 밤을 새우며 조각들을 맞췄지.

이제는 모든 것을 떨쳐버릴 시간이야
짊어진 걱정일랑 가족에게 맡겨두고
우주를 소요(逍遙)하면서 편안하게 잠드시게.

1994년 6월 16일 光山人 金明洙의 靈前에 부쳐

장례유감(葬禮有感)

선대의 규범으로 지켜오던 유가법도
죽음이 두려워서 기독교로 옮겨놓고

무덤에
이르러서는
적막만이 흐르고.

세상에 태어나서 고고성 들려주며
주먹을 쥐락펴락 한평생을 호령타가

심장이
멎은 뒤에야
덩을 타고 오르네.

1994년 6월 17일 전북 완주군 화산면 운산리 말목재 묘소에서

조찬 세미나 200회에 부쳐

삼선교 동소문 옆 가구점 2층에다
동문회 간판 걸고 시작한 조찬모임
이백 회 새벽을 열어 논설 집도 펴내고.

매월 초 수요일은 오순도순 모여앉아
비가 오나 눈이 오나 하루도 거름 없이
정보도 공유하면서 인연들을 키웠지.

세 번째 논문집도 세상에 상재하고
이 뜻을 기념하여 축배 들어 자축할 제
건배의 우렁찬 소리 회의장을 넘치네.

연륜도 쌓여있고 기반도 다졌으니
다함께 동참하여 하나 되어 끌고 밀면
성균인 모두의 회관을 세울 꿈도 이루리.

1995년 5월 3일 조찬세미나 200회 논설집(論說集) 683쪽
성균관대학교 경영대학원 동문회

가정의례 봉정 (1)

-大山 金碩鎭先生의 古稀宴에 부쳐-

드높은 선생님의 학덕(學德)을 흠모(欽慕)하여
고희의 축수연(祝壽宴)에 빼곡하던 문생들
한 잔 술
흥에 취한 듯
어깨가 덩실댄다.

성현(聖賢)의 하신 말씀 홍역(洪易)에 펼쳐놓고
야산(也山)의 뒤를 이어 후학을 양성하는
대산(大山)의
주름 밭에는
꽃망울이 벙근다.

도덕(道德)이 양풍(洋風) 맞아 넋을 잃고 비틀대다
예의(禮儀)가 토담 밑에 꾸벅꾸벅 졸다가도
독송(讀誦)은
가락을 타고
온 누리로 넘친다.

1997년 9월 17일 대전에서 홍역학회 학문출판사
대산 선생 고희년에 부쳐 화보 축시

가정의례 봉정 (2)

-大山 金碩鎭先生의 古稀宴에 부쳐-

야산이 뿌린 씨앗 大山에서 꽃피우고
홍역학(洪易學) 큰 열매가 탐스럽게 영글어
성현이 가르침대로 후학들에 전한다.

자손의 정성으로 차려놓은 고희연에
큰 뫼님 높은 학덕 흠모한 후학들이
절 올려 축하드리며 백수하길 빕니다.

칠순(七旬)의 하례 연에 상재(上梓)한 가정의례
이문회(以文會) 회원들이 뜻 모아 봉정(奉呈)할 때
사제(師弟)의 정(精)이 녹아서 연회장이 훙건하다.

미풍(美風)은 서양풍에 힘없이 휘청대고
양속(良俗)은 이기심에 몸살을 앓다가도
동방(東邦)의
전통예절은
소금 꽃을 피우리.

1997년 9월 17일 대산선생 칠순 기념
「가정의례」 봉정 ≪以文會≫ 화보 축시 13쪽

단지(斷指)로 보은한 정종수의 효심

-祝 草隱 鄭鍾壽 華甲 紀念-

초계(草溪)땅 시냇가의 오동나무 열매되어
어마님 위급할 때 단지로 주혈(注血)하니
그 정성 하늘에 닿아 효자칭호(稱號) 내렸네.

문간공(文簡公) 예손 되어 가문을 빛내고자
낮에는 밭을 갈고 밤에 읽힌 한학(漢學)익혀
세월의 씨줄에 묶여 회갑연을 맞았네.

초은(草隱)이 배필 들어 한생을 해로(偕老)하며
슬하(膝下)에 1남5녀 가법 좇아 훈육 터니
이순(耳順)에 피어난 행복 넉넉하게 보이네.

내외가 자손에게서 큰절을 받는 순간
접혔던 주름마저 미소로 펼쳐지고
술잔에 지란지실(芝蘭之室)의 향기 가득 퍼지네.

향교(鄕校)의 유림(儒林)들이 화갑을 기념하려
강호(江湖)의 선비들께 옥고(玉稿)를 청탁하니
경장(瓊章)이 시축에 쌓여 홍안(紅顔)으로 피었다.

1998년(戊寅) 春日 화갑기념 축시

청광 김용대 화백의 생가복원에 부쳐

평생의 숙원이던 생가를 복원하고
몸과 맘 열어놓고 탱화(幀畵)를 그린다면

달마(達磨)의
섬광이 비쳐
온 누리를 밝히리.

하늘땅 열린 고장 맑은 빛 큰 얼굴이
꿈속의 계시 좇아 손놀림에 넋을 담아

불교의
이념을 표현해
삶의 지혜 깨운다.

1999년(己卯) 至月에 생가복원 축시

들꽃

한 떨기
활짝 핀 들꽃 이름 없이 태어나

뭇사람 발길질에 정강이 뼈 부러진들
나그네
발목을 잡고
평화로이 벙글고.

길 건던
군상들이 던지는 시선들에

코끝을 치고 가면 파르르 몸을 떨고
달콤한
향수를 뿌려
소매 자락 당긴다.

2002년 10월 26일 신서정 25집 ≪초록빛 서정≫ 53쪽

보름달(대보름)

성태봉 올라서서
남모르게 슬쩍 따다

시렁에 달아두고 책을 읽던 내 유년엔

정한수
주발에 내려
옥토끼가 노닐던 거.

동구 밖 쏘다니다
허기진 배를 쥐고

우물물 퍼마시다 놓아 둔 그 조롱박

이 밤엔
시린 가지 끝
동그마니 앉았네.

2003년 2월 22일 통권 146호 봄호 ≪시조문학≫ 127쪽

양귀비는 당황하고(華淸池)

중국의 황제들이 대물려 쉬던 그 곳
온천장 여기저기 웃음꽃이 가득하다
궁녀들
신음소리에
암혈수(巖穴水)만 콸콸 솟네.

당 현종(唐顯宗) 헛기침에 양귀비는 당황하고
해상탕(海常蕩) 언저리엔 암향 짙은 비음만
용광로
끓어오르듯
불꽃 튀는 온천지(溫泉池).

2003년 2월 22일 통권 146호 봄호 ≪시조문학≫ 126쪽

■ 화청지 : 중국 섬서성 서안에서 약 30㎞ 떨어진 시안시 임동구 여산록(廬山麓)에 자리하고 있으며 주(周)나라 때부터 황제들의 사랑을 받던 유명한 온천지이다.

서안의 비림(Xian碑林)

장안의 문묘 터에 명필들이 환생한 듯
법첩(法帖)의 명문비석 천여 명이 늘어서서
향 피워
엄히 반긴다
해동의 낯선 묵객을.

당대의 문장들이 한자리에 모여앉아
황정견 한 수 읊자 구양순은 먹을 갈고
왕희지
일필휘지(一筆揮之)에
용틀임하는 난정서(蘭亭序).

2003년 2월 22일 통권 146호 봄호 ≪시조문학≫ 126쪽

■ 비림(碑林)-섬서성 서안시내에 위치. 당말 · 오대에 만들어져 북송 원우(元祐1090)이 지금의 이곳으로 이주하였다. 원래는 당의 석경(石經)을 보존하기 위하여 만들었다. 한위(漢魏) 이래의 각종 비석 1천여 개를 진열하고 있으며, 한위 및 당대의 저명한 서법가의 비석은 대부분 이곳에 모여 있다. 비석 중에서 비교적 유명한 것은 당 13경, 대진경교유행중국비(大秦景教流行中國碑), 안진경(顔眞卿) 자첩(子帖) 등이 있다.

춘면(春眠)

탐라의 유채향기 사립문을 들어서면
따스한 토담 밑을 아장대던 병아리도
개나리
꽃 향에 취해
꾸벅꾸벅 졸고 있다.

흰나비 담 너머로 규방을 훔쳐보고
해님의 헛기침에 선잠깬 종달이가
유사(遊絲)의
꽁무닐 밟고
하늘높이 솟는다.

2003년 3월 28일 제주 서귀포에서

■ 봄날의 화사하고 평화로운 모습이 나타나는 작품이다. 멀리 남 쪽 제주로부터 유채꽃 소식이 전해지면 봄은 이미 한반도의 등줄기를 타고 올라와 양지쪽에는 개나리가 피어나고, 그 개나리 색상을 닮은 노란 병아리들이 아장대다가 개나리 모습과 봄 햇살에 취해 졸고 있다. 그런가 하면 봄 나비들은 규방을 훔쳐보고 있고, 종달새는 높이 날아오르며 지지배배 노래 부른다. 화자(話者)는 아름답고 평화로운 농촌 마을의 봄 모습을 그리고 있다.

2003년 10월 11일 신서정 제26집 ≪바람의 노래≫ 30쪽
시풀이 : 김민정시인 · 문학박사 · 서울 장평중 교사

가람 이병기(李秉岐) 선생을 기리며

미륵산(彌勒山) 탯줄 끊고 용화의 꿈을 이어
옹달샘 깊이만큼 공적들이 넘쳐나고

평생을
난주서(蘭酒書) 즐기며
시어(詩語)캐던 삶이네.

용화사(龍華寺) 동굴에서 갈고 닦던 꿈을 키워
문단(文壇)의 스승이 되어 청사에 불 밝히고

수우재(守愚齋)
때를 만난 듯
가람(嘉藍)으로 서 있네.

2009년 10월 30일 ≪가람시조≫ 제2호 112쪽

낙엽(落葉)의 노래

할미산 등허리에 켜켜이 깔린 편린(片鱗)
바람에 너울대다 색색의 나비 떼로
홍천강(洪川江)
얼비친 물에
잠수(潛水)하는 노고 산(老姑山).

교목(喬木)이 벗어던진 원색의 조각들이
속세(俗世)를 방황하듯 주변을 맴돌다가
한 맺힌
통수소리에
귀를 쫑긋 세운다.

2006년 12월 27일 ≪가람시조≫ 제2호 113쪽

중환자실

약물에
취했어도
얼굴빛은 평화롭다

초침이
포효할 때
숨구멍도 뚫리고

한 송이
벌레 먹은 장미
기지개도 펼친다.

2009년 10월 30일 신서정 제31 · 32집 ≪서정의 울림≫ 153쪽

아내의 암(癌)투병기(鬪病記)

장부(腸腑)를 떼어 내어 항암제로 덧칠하고
십년만 더 살자며 희망을 잃지 않던
아내의
기도소리가
귓전에서 맴돈다.

화분(花盆)의 행운목이 하얀 꽃 피우던 날
폭죽의 불놀이로 밤하늘을 누빌 때
향긋한
꽃향기만이
방안 가득 질펀하다.

2009년 10월 30일 신서정 제31 · 32집 ≪서정의 울림≫ 151쪽

청산도(靑山島)

산과 물이 푸르다고 청산도라 명명하고
청동기 신화에서 첨단의 문명까지

초분(草墳)도
구들장 논에도
숨을 쉬는 민속촌.

해적을 물리치던 장보고의 원혼인 양
소박한 인심하며 먹을거리도 풍성하다

낙조(落照)에
청정 해변이
시뻘겋게 타오른다.

2009년 10월 30일 신서정 제31 · 32집 ≪서정의 울림≫ 158쪽

점(點)과 선(線)의 합창(合唱)

씨 얼로 틔운 싹이 삼십 년을 훌쩍 넘어
가던 길 잠시 멈추고 지난날을 반추하고
문학의
꽃을 피우려
물레방아 돌린다.

못다 쓴 서정시는 서가에 모셔두고
민족의 한을 녹여 회포를 토로하고
정형의
시조 한 수로
그어지는 점과 선.

2009년 10월 30일 신서정 31・32집 ≪서정의 울림≫ 159쪽

적막(寂寞)은 흐르고

침대에 바로 누워 수술실로 들어가고
철문이 열릴 때면 가슴이 철렁하고
드르륵
바퀴소리에
속내의가 흥건하다.

문밖을 서성이며 숨마저 끊긴 적막(寂寞)
초침의 무게만큼 온몸이 축 처지고
희(姬)야의
신음소리에
눈물만이 고인다.

2009년 10월 30일 신서정 31·32집 ≪서정의 울림≫ 150쪽

꽃샘추위

나목은 알몸으로 엄동에 떨고 있다
창백한 아내의 얼굴 해오름 따라 빨개지고
동파로
찢긴 가지 끝에
꽃망울이 터진다.

여보 27동 앞에 살구꽃이 흐드러졌어
꽃샘추위 맵다더니 뼛속까지 시려오네
꽃잎은
바람을 타고
나비처럼 나른다.

2009년 10월 30일 신서정 제31 · 32집 ≪서정의 울림≫ 156쪽

가을에 떠난 임

지난밤 요동치던 비바람은 잠에 들고
단풍은 제멋대로 산과 들을 태우며
초롱꽃
불빛에 안겨
고이 잠든 임이여.

봄이면 화사하게 가을에는 우아하게
희망은 바람 일어 석양에 불 댕겨도
외로움
가슴 속 깊이
시리도록 커진다.

꽃구경 못했으니 단풍 구경 떠나자며
보채던 반쪽 임은 무덤에 먼저 가서
할미꽃
씨 한 톨 쥐고
버선발로 떠났네.

2009년 10월 30일 신서정 제31 · 32집 ≪서정의 울림≫ 154쪽

굴렁쇠에 감긴 세월

괌도의 여정(旅程) (1)

-만길 라오 골프장 (Mangilao Golf Club)-

괌도의 남부해변 루타 리조트CC에서
포물선 등줄 타고 백구가 날아가며
화선지(畵宣紙) 코발트색에 흰줄 하나 긋는다.

양탄자 훼어웨이(fairway)길 즐기며 걷노라면
여독이 풀리면서 땀방울로 녹이고
먹구름 찢어발기자 소낙비로 내린다.

바다에 띄워 놓은 환상의 십일 번 홀
깃발을 조준해서 숨죽여 때린 백구
고래의 등창을 찢고 분수처럼 뿜는다.

1994년 6월 24일 동아시문학 제4집 ≪여의도 패거리≫ 84쪽

■ 1922년 개장한 만기라오 골프클럽(Mangilao Golf Club)은 18홀에 72파 전장 6904야드로 괌에서 유일하게 바다로 둘러싸인 골프장이다. 로빈 넬슨에 의해 설계된 망기라오 골프클럽은 해변에 만들어진 골프장으로 바다를 넘겨야 하는 코스가 있어 박진감이 넘친다.

괌도의 여정(旅程) (2)

-탈라포포(Talafofo)-

태평양 한복판에 외로 솟은 미국령 괌
일본군 패잔병이 십오 년을 숨어 살다
종전 후 반세기 지나 사로잡힌 요꼬이(Yokoi).

전범이 숨어있던 탈라포포 동굴은
폭포수 안쪽동굴 대숲을 울타리삼아
물소리 바람소리로 위장했던 요새지.

원숭이 몰골하고 사냥꾼에 체포되자
일본은 영웅이라 열광하는 꼴불견
침략의망상에 빠져 미쳐버린 왜구다.

1994년 6월 24일 동아시문학 제4집 ≪여의도 패거리≫ 85쪽

■ 요꼬이(Yokoi Shoichi)는 일본 나고야 출신이다. 제2차 세계대전이 한창이던 1941년에 괌 전선으로 배치 받아 1945년 일본이 패망된 뒤에도 괌(GUAM)의 타르포포계곡의 밀림 속 대나무군이 무성한 곳에 동굴을 파놓고 15년을 생활하면서 물고기를 잡으러 밖으로 나왔다가 1972년 1월 20일에 엽총사냥 중이던 원주민 2명에게 발견 체포되어 타르포포 촌장에게 끌려가 즉시 괌(Guam)당국의 경찰간부에게 인계되었다.

괌도의 여정(旅程) (3)

-투몬 해변(Tumon Bay)에서-

파도가 썰고나간 모래톱을 밟고 뛰다
갈매기 날개처럼 출렁이는 어깨다
수평선
끝자락에는
쌍무지개 떠있고.

서울엔 지금쯤은 삼경이 깊어가고
무지개 세워놓은 구름다리 위에서
아내가
손을 흔들며
기다리고 서 있다.

파도는 비늘 세워 백사장을 희롱하고
태양이 열 올리자 태평양이 끓고 있다
보라색
투먼베이(Tumon Bay)가
부시도록 시리다.

1994년 6월 24일 동아시문학 제4집 ≪여의도 패거리≫ 84쪽

하와이의 진주만에서

고요한 진주만에 화광이 번뜩일 제 반짝이자
수많은 젊은 넋이 이리저리 흩어지고
바다는
피로 물들어
물기둥을 세운다.

숨었던 독수리가 먹이를 낚아채듯
일본군 히꼬기(ひこうき)가 쏟아 놓은 폭탄에
잠에든 아리조나호 비스듬히 눕는다.

어머니 품에 안겨 꿈꾸던 병사들은
기념관 모형되어 벽화 속에 숨어있고
침몰된 수면 위에는 기념관이 떠있네.

일본인 학생들이 두 눈을 크게 뜨고
그날에 주저앉은 사진을 응시(凝視)하며
해설시
설명을 듣고
두 귀 쫑긋 세운다.

1994년 6월 24일 동아시문학 제4집 ≪여의도 패거리≫ 87 · 88쪽

청학동(靑鶴洞)에서 (1)

-95년 8월 26일 지리산 등반길에-

청학이 날아들어 둥지 튼 골짜기로
역사의 흔적 찾아 배낭 메고 찾는다
산허리
옆구리를 돌아
여장(旅裝) 풀은 민박집.

앞마당 평상 위에 하늘을 우러르니
물바람 벌레소리 어우러져 속삭이고
어머님 자장가소리에 뼈마디가 풀린다.

은은히 들려오는 글 읽는 소리 따라
소나무 그사이길 숨을 죽여 오르니
유년에 읽던 글귀가 또렷하게 들리고.

돌탑에 넋을 놓고 삼성궁을 기웃대다
징 세 번 두드려서 예복을 갈아입고
심의(深衣)에
대대(大帶)를 갖추고
단군왕검(檀君王儉) 뵙는다.

1995년 8월 26일 동아시문학 제4집 ≪여의도 패거리≫ 89쪽

청학동(靑鶴洞)에서 (2)

세월을 다듬질해 주름을 펼쳐놓고
상투에 망건 쓰고 도포자락 휘날리던
유년의
고향마을이
눈높이에 서 있고.

투박한 질그릇이 가전으로 바뀌고
구수한 숭늉 대신 커피와 음료수라
청학(靑鶴)의
부르짖음에
애간장을 태운다.

천년을 마다 않고 고집스레 살아서
소중한 우리 것을 끝까지 지키려다
양주(洋酒)에
고주망태로
뒤틀리는 청학골(靑鶴洞).

1995년 8월 26일 동아시문학 제4집 ≪여의도 패거리≫ 90쪽

동해의 새벽을 열며

수평선 경계에서 물결이 굴러온다
조금은 잔잔하게 더러는 날을 세워
파도를 주름접어서 숨이 차게 달려온다.

비늘을 높이 세워 위풍도 당당하다
물살의 조각들로 멍석을 말고 있다
해변을 톱질하면서 삼킬 듯이 밀려온다.

흰 거품 터뜨려서 바위섬을 공격하다
오던 길 돌아보며 고개를 치켜들다
파도에
따귀를 맞고
토악질한다 흰 소금을.

1999년 9월 1일 ≪현대시조≫ 계간 가을호 58쪽

■ 지평선(水平線 horizon)은 물과 하늘이 맞닿아 경계를 이루는 선으로 지평선(地平線)과 같은 의미로 사용하는 용어다.
일반적으로 하늘이 땅이나 바다와 만나는 것처럼 보이는 경계다.

아산찬가(牙山讚歌)

1. 아산(牙山)고을

백제의 탕정(湯井)에서 민속이 시작되고
맹 고불 행단이며 충무공의 현충사
이천년 문화의 향기가 물씬 나는 아산 골.

2. 온천(溫泉)과 충효(忠孝)

광천수 뿜어내어 노인을 공경하고
사계절 관광자원 경제활동 활발하며
임금님 질병 치료에 효험 높인 온천욕.

3. 현충사(顯忠祠)

외로운 한산 섬에 울려 퍼진 단심가
거북선 학익진에 수장시킨 왜병들
방화산
원혼 달래어
통일일기 쓰는 중.

4. 외암리(巍巖里) 민속마을

설화 산 바라보고 민속마을 뒤로 앉아
전통적 삶의 모습 후손들이 체험하듯
개울가
물레방아는
방명록을 쓰고 있다.

5. 온양 민속박물관

전해온 민속자료 바람과 햇볕 쪼여
선현의 숨소리가 새근새근 들리고
역사의
가치창조가
디딤돌로 꽃핀다.

1997년 4월 15일 한국예총아산지부 시집 ≪아산찬가≫ 177쪽

천지(天池)는 말이 없고 (1)

-96년 9월 1일 대산선생을 따라서-

백두산 품에 안고 천지를 굽어보니
검푸른 정화수가 몸을 굴려 글을 쓴다
산천어
무리를 지어
자유롭게 노닐고.

열일곱 봉우리를 흙으로 빚어내어
천지가 뿜어 올린 민족의 얼 가득 담아
그윽한
무궁화 꽃이
백두산을 밝힌다.

반가워 내외하나 수줍어서 외면하나
안개꽃 넓게 펼쳐 천지를 덮었다가
해맑은
눈을 부비고
말없이 웃는다.

1996년 9월 1일 홍역학회간 ≪동인(同人)≫ 11월호 쪽

천지(天池)가 말이 없고 (2)

-96년 9월 1일 대산선생을 따라서-

동강난 한반도가 가엾고 측은해서
천지는 달문 열어 물기둥을 세우고
순백의
물보라 뿌려
동양화를 그리고.

영산(靈山)이 끓여내는 온천수에 손발 씻고
소천지(小天池) 자리 잡아 통일을 염원하여
산신제 축문을 다듬어 신명행사 준비 끝.

주과포 펼쳐놓고 낭독한 축원문이
음률에 매달려서 하늘높이 올라서
그믐밤
소천지 위로
쏟아지는 은하수.

1996년 9월 1일 홍역학회간 ≪동인(同人)≫ 11월호 쪽

백두산천지→달문(闥門)→승사하(乘槎河)→비룡(장백)폭포→
온천지역→북파산문→소천지→송화강(松花江)

백두영산(白頭靈山)

백두산 정상에 올라 천지를 굽어보다
표석을 보듬고서 쓰다듬고 입 맞추고
흙 한줌 움켜쥐고서 만세삼창 외친다.

찰흙을 반죽하여 빚어놓은 질그릇에
정화수(井華水) 가득 채워 병사봉에 올려놓고
민족의 염원이 담긴 통일조국 빌었다.

천지가 몸을 놀려 연무로 감춰놓고
이따금 수줍어서 내 보인다 속살을
물안개 흐트러지고 맑은 물이 부시다.

잠자던 휴화산이 분노가 폭발하면
유황을 뿜어내고 천지 물을 뒤집어
고조선 옛터 전까지 폼페이 날 되는 거다.

1996년 9월 1일 홍역학회간 ≪동인(同人)≫」 11월호 쪽

■ 백두산은 산세가 장엄하고 자원이 풍부하여 일찍이 한민족(韓民族)의 발상지로, 또 개국(開國)의 터전으로 숭배되어 왔던 민족의 영산(靈山)이었다.

소(丁丑)의 해를 맞으며

-96년 12월 31일-

순박한 눈동자에 적갈색 옷을 입고
느긋한 모습으로 평화를 반추하던
우공(牛公)이
새해 아침에
규방 문을 엿본다.

봄가을 파종기에 멍에를 짊어지고
산비탈 돌밭이랑 수렁 늪을 다니는
우직한
은근과 끈기는
배달겨레 닮았다.

고삐를 쥔 어린이 채찍에 순종하며
묵묵히 제할 일을 실천하는 암소다
올해도
경제성장에
많은 성과 있기를.

≪동인(同人)≫ 홍역학회 97 1월호

송구영신(送舊迎新) (1)

-送舊丁丑 迎新戊寅-

논밭을 일궈주던 황소가 쌤통 나서
꼬리를 흔들다가 어둠속에 묻히고
농촌은 농사준비에 한숨만이 터진다.

문민의 간판 걸어 소고삐 풀어지며
칼국수 먹는 사이 대들보가 좀먹고
수박 속 군상들 모여 외양간만 탓한다.

지구촌 장사치들 원탁에 둘러앉아
손바닥 새끼 꼬듯 아첨꾼만 판치고
황소는 시궁창에서 거친 숨을 토한다.

자시에 도착하여 숨 가쁜 호돌이가
어둠을 열어놓고 문지방을 넘어온
호돌이 익살을 부리며 어금니를 보인다.

대천 겨울바다

아득한 수평선에 조각배 뒤뚱대고
파도는 비늘 세워 몸을 굴려 달려와서

어둠을
깨우는 소리에
하늘땅이 열리고.

서로를 보듬고서 흰 거품을 토하다가
바람이 잠이 들자 기가 꺾인 대천바다

어머님
품속에 안겨
새근새근 잠든다.

1997년 12월 27일 청운문학 5집 ≪여의나루의 꿈≫ 66·67쪽

굴렁쇠에 감긴 세월 (1)

역사의 뒤안길을 물레에 감아놓고
유년의 기억들을 조각으로 맞추다가
굴렁쇠 꽁무니 잡고 달려가고 있었다.

콧노래 흥얼대며 동구 밖 넘나들다
돌부리 걷어차고 풀숲에 앉았는데
굴렁쇠 방향을 잃고 휘청대며 뒹군다.

검붉은 장미꽃이 발가락에 피어나고
머슴애 눈시울엔 은구슬이 떨어져도
굴렁쇤 어머님 찾아 황토 재를 넘는다.

1998년 4월 1일 월간 ≪한국시≫ 통권 108호 창간 9주년 119쪽

시조는 시조이어야

-한국시 5월호 李基班 時調 月評-

李 基 班

박영록의 〈굴렁쇠에 감긴 세월〉(韓國詩·4)은 유년의 추억이 강도 높게 표백되어 있어 매우 감동적이다. 세 수 중의 첫 수를 본다.

역사의 뒤안길을 물레에 감아놓고
유년의 기억들을 조각으로 맞추다가
굴렁쇠 꽁무니 잡고 달려가고 있었다.

율격이 정연하며 평시조의 기본 형태를 고수하고 있다. 그러면서도 참신한 감각적 이미지로 형상화되어 정감이 간다.

그런 가운데 주제의식을 선명하게 안으로 담고 있다. 좋은 시라 생각된다.

1. 시조는 시조이기를 원한다. 기본 율격을 자수(字數) 놀이라고 생각해서는 아니 된다.

우리 민족 고유한 언어적 율조에서 굳어진 자연스러운 운율의 형성인 것을 무시하는 처사는 용납할 수 없다.

율격을 무시하고 파격(破格)만을 일삼는 시조를 쓴다면 자유시(自由詩)를 쓸 일이다.

내가 내 것을 소중하게 아끼는 것처럼 우리가 우리의 시조를 아끼고 사랑하는 정신은 곧 애국애족으로 통한다.

그러므로 한국인의 정서를 한국인의 가락으로 노래하는 일만이 시조를 시조답게 발전시키는 거룩한 작업이라 생각한다.

이번 달에도 이런 생각을 하면서 시조를 읽어 보았다.

2. -중략-

3. 이 달의 시조 단은 상당히 풍부하였다. 양적으로만이 아니라, 질적으로도 좋은 작품이 많았다. 그것은 계간지 봄 호가 나왔기 때문이다. 보다 많은 작품을 언급하지 못하여 아쉽기만 하다. 취급한 작품에 대해서도 너무 소홀히 다룬 듯한 느낌이 들어서 미안하기도 하다. 이것이 평자의 솔직한 고백이다. 앞으로 더 좋은 월평을 쓰도록 성실하게 노력하겠다.

1998년 5월 1일 월간 ≪한국시≫ 통권 109호 156쪽

4·19 국립묘지(四一九國立墓地)

-1998년 7월 10일-

백운대 발길아래 우이 골 품에 안긴
4·19 묘지 위에 우뚝 선 위령탑이
반갑다! 환호성소리 귓가에서 맴돈다.

티 없는 하늘아래 녹음을 더하는데
조형물 옹기종기 새롭게 단장하고
금잔디 양탄자 위를 조심스레 걷는다.

청춘의 젊은 피가 분수로 뿜어내고
민주화 한이 엉킨 응어리를 녹여내듯
분수대 물보라 뒤엔 무지개가 떠있다.

1999년 9월 10일 제2호 ≪서울문학≫ 42쪽

새로 지은 모정(茅亭)에서

-고향마을 고내곡-

고내 골 옛 모정(茅亭)을 양옥으로 세워놓고
내외인사 초청하여 잔치를 펼친 자리
비구름 함께 따라와 땀방울을 닦는다.

가뭄과 무더위가 한 치의 양보 없던
갑술년 여름날은 산야도 삶아댔다
소낙비 매봉재 넘어 정자 앞에 내린다.

하객들 손뼉 치며 한마당이 펼쳐지고
출타한 동민들이 어깨춤을 들썩이며
어릴 적 고향냄새를 시리도록 맛본다.

굴렁쇠에 감긴 세월 (2)

-98년 9월 29일-

일상의 생활들을 실꾸리에 감노라면
때로는 뒤엉키다 더러는 잘 감기듯
어릴 적 청운의 꿈도 굴렁쇠에 맡겼다.

유년의 추억들과 살아온 일상들에
동구 밖 성황당에 탑 쌓던 일까지도
타작에 난 곡식 줍듯 굴렁쇠에 담았다.

늦가을 해질 무렵 소몰아 풀 뜯기며
한 손에 고삐잡고 책갈피를 뒤지다가
논둑에 뒹굴던 일도 굴렁쇠에 적었다.

한 송이 꽃을 피워 열매를 맺으려고
비바람 눈보라도 눈물로 녹여내듯
흰머리 길이만큼을 굴렁쇠에 키웠다.

막내 딸 재은의 결혼식

–신랑 김영환(金永煥)과 신부 박재은(朴宰銀)–

좋은 날 좋은 시에 마음의 문 열어놓고
축복의 꽃향기가 세종홀에 흐르고
원앙(鴛鴦)은
날갯짓하며
희망봉을 맴돈다.

하객(賀客)의 축복 속에 백년손님 맞는 날
막내딸 손을 잡고 버진로드 행진하여
주례의
혼인서약에
박수갈채 우렁차다.

꽃망울 터질 듯이 풋풋한 제시 녀석
아빠가 손을 놓자 낭군 팔에 안길 적에
피앙세
뒷모습보며
콧잔등이 시리다.

1999년 6월 15일 오후 4시 [종로구 세종문화회관 세종홀-
≪시인정신≫ 1999년 가을호 171쪽

송구영신(送舊迎新) (2)

〈送舊戊寅〉

보고 픈 얼굴들을 엽서에 떠 올리며
만남의 순간들을 맞춰보던 조각들
큰 재를
넘던 호랑이
기지개도 펴본다.

〈迎新己卯〉

손님을 맞이하려 빗장을 풀어놓고
앞마당 비질하다 별당주위 맴돌던
토(兎)선생
기침소리에
호돌이가 숨는다.

1999년 10월 23일 신서정 제22집 ≪지울 수 없는 이름≫ 144쪽

■ 이 시조(時調)는 무인년을 보내고 기묘년을 맞이하며 호랑이(戊寅)가 역사 속으로 꼬리 내림과 같은 시각에 캄캄한 밤을 틈타 새해 아침 일찍이 새해의 희망이 등에 지고 산을 넘어 내려오는 지혜로운 토끼(己卯)의 기침소리에 호랑이가 숨어 있는 모습을 표현하였다.

송구영신(送舊迎新) (3)

(送舊己卯)

두 눈을 붉게 뜨고 산마루 넘어와서
암흑을 밝히느라 날 세워 누벼오던

느긋한
토끼 한 마리
노을 뒤로 숨는다.

(迎新庚辰)

어둠을 가르느라 붉은빛 토하더니
여의주 입에 물고 오색을 내뿜으며

동해에
승천한 청룡
토방 넘어 들온다.

1999년 12월 27일 ≪한국시조 연간집≫ 120쪽

만리장성(萬里長城)

-팔달령(八达岭1915M)에 올라-

성루에 올라서서 발밑을 굽어보니
험상한 몸뚱이에 돌비늘 반짝 세워
하늘로 솟아오를 듯 꿈틀대고 누웠다.

팔달령 굽이돌며 온몸을 비트느라
달려온 세월만큼 헐벗어 쇠잔해도
감군들 채찍소리가 귓전에서 맴돈다.

돌담에 사라져간 병사의 원혼들이
구천을 맴도는 듯 먹구름이 몰려와서
번개 칼 뽑아들고서 통곡하며 울었다.

진시황 영화 속에 불모된 장병들의
피땀이 응축되어 미라로 우뚝 서서
오천년 이야기책을 읽어주고 서 있다.

1999년 10월 23일 신서정 제22집 ≪지울 수 없는 이름≫ 134쪽

거제 해금강 유람

거제의 동남쪽에 섬 하나 솟아올라
기암을 쪼아내어 조각들을 맞추는데
석양은 양기를 뿜어 동양화를 그리고.

뱃머리 살짝 틀어 동굴로 다가가니
사방이 트이다가 열십자가 펼쳐지고
고개를 올려다보니 십자성이 떠있네.

노을이 지나가며 뱃길을 밝히는데
바위벽 사이에는 탱화가 걸려있고
노승의 독경소리는 파도타고 퍼진다.

자연이 조화 부려 빚어 놓은 불상이며
서가에 쌓여있는 만 권의 서책들이
독자를 기다린다며 서고문이 열린다.

1999년 10월 23일 신서정 제22집 ≪지울 수 없는 이름≫ 133쪽

계미년의 새아침

무엇이 반가운가 까치가 울어 댄다
어제의 고달픔도 아쉬움도 잊으련 듯
먼동은
양떼를 몰고
고내 재를 넘고 있다.

문밖을 서성대던 검은 양 한 마리가
주인장 인기척에 대문짝을 두드리고
빗장이
풀리는 순간
앞발 들어 안긴다.

2002년 12월 10일 연간사화집 ≪시조 2002≫ 113쪽

소록도(小鹿島)의 단상(斷想)

한센 그 아픔에 쓸려
널부러진 눈물의 섬

천형을 매만지며 씻다 지쳐 밀린 파도

매정한
육지를 향해
흰 거품을 토악질 한다.

■ 전남 고흥군 도양읍(道陽邑) 소록동(小鹿洞)에 속하는 섬으로 나병 환자를 수용하는 국립소록도병원이 있다. 면적은 3.25㎞이며 일제가 1916년 국내 한센병(癩病, leprosy) 환자들을 강제 연행됐고, 갖은 멸시와 차별의 대상인 수용을 위해 세웠던 소록도자혜의원이 시초다. 이곳은 한국판 '아우슈비츠 수용소'로 불린다.
한센인은 나병환자를 일컬으며, 나병은 항산성 간균에 의해 감염되는 만성 전염성 질환이다. 피부에 생긴 반점이 점점 짙어지다 상처가 생기고 헐어 출혈이 일어나며, 피부가 벗겨지는 등 악화하다 전신에 마비가 온다. 천벌을 받은 병이라 하여 천형(天刑)이라 한다. 1873년 노르웨이의 세균 학자이자 의학자인 아우메우에르 게하르트 한센(Armauer Gerhard Henrik Hansen, 1841~1912)이 나병의 바이러스를 발견하면서 나병은 '한센씨병(Hansen's Disease)' 또는 '한센병(Hansen Disease)'으로 불리게 됐다.

군학리(群鶴里) 찬(讚)

백학이 날아들어 이 마을에 둥지를 틀고
모닥불 피워놓고 늘어놓은 수다 들
가슴속 태운 재까지 바닷물에 헹구고.

심금을 울려주는 구수한 소리가락
나눔의 정이 넘쳐 온기도는 마을인심
바다를 떠돌던 섬이 고개 숙여 반긴다.

해변을 걷노라면 갈매기 끼룩이고
소나무 방풍림이 일행을 반겨준다
해조음 국거리 장단에 어깨도 들썩인다.

해조음(海潮音) 파도소리, 해조음(海調音) 즐거운 가락.

2008년 1월 20일 시조협회 연간집 ≪초록동행≫ 109쪽

■ 전남(全南) 보성군(宝城郡) 회천면(会泉面) 군학리(群鶴里)는 국악인이며 서울 반포에서 이웃하며 교분을 나눈 정아아빠 김성섭 선생의 고향 마을이다. 아내(이선희)가 암 투병중일 때 부부의 초청으로 이 마을을 방문하여 융숭한 대접을 받고 손수 만든 황토 방에서 유숙하면서 율포의 호젓한 해변가를 걸으면서 말없이 누워 목이 타는 모래와 찾아주는 사람도 드문 한적한 해변의 파도소리를 들으며 나의 곁에서 손을 꼭 잡고 걷는다.

고향생각(고내곡)

가끔은 꿈을 꾸며 고향을 찾곤 하지
풋풋한 향내음이 뒤를 쫓던 종달새
공중을 날아오르며 한가롭게 노닌다.

산과 들 쏘다니며 진종일 헤매다가
덤불에 숨겨놓은 꿩 새끼가 보고파
풀섶을 헤집어보니 주둥이를 내밀고.

할배의 손에 끌려 감나무 접붙이며
왼손에 책을 들고 한 손은 쇠고삐 쥐며
굴뚝에 연기 오르면 소를 몰고 귀가한다.

할머님 들려주던 구수한 옛이야기
피로가 몰려와서 쪼그리고 잠들면
어머니
가슴냄새가
코끝에서 맴돈다.

2000년 10월 28일 신서정 제23집 ≪붓대로 피운 꽃≫ 124쪽

황토방(黃土房)

스물네 등뼈마디
울던 넋도 스러지고

나래 치던 문풍지가 실어온 흙냄새가
몸속의
어혈이 녹아
땀 방울로 적시고.

숨어든 삭풍들이
휘청대며 흐느끼고

들끓던 황토열기 삭신까지 쥐어짜서
밤새껏
쏟아낸 노폐물
겉옷까지 흥건하다.

2008년 3월 1일 계간 ≪한국작가≫ 통권 15호 102쪽

세월이랑 나이랑

문병(問病)

-둘째 처남(英植) 위암수술로 원광대학병원 입원-

서울서 페달 밟아 세출리(世出里) 들렀다가
국도로 흘러 흘러 병원에 이르나니
석양이 각혈(咯血)을 쏟아 붉은 꽃을 피운다.

입원한 둘째 처남 가까이 다가가니
큰 수술 받은 노인 칠순의 노령인데
살며시 손을 꼭 잡고 넉넉하게 웃는다.

환자와 작별한 뒤 처형 댁에 여장 풀고
정담을 나누다가 꿈자리에 들었는데
선계(仙界)를 오르내리며 무운시도 읊었다.

■ 둘째 처남 : 이우영(李愚英)의 字는 영식(英植)이다. 조부(祖父)는 응호(應鎬)요 부(父)는 수근(洙瑾)이다. 수근이 四男 三女를 두었는데 삼녀 선희(善姬)는 나의 아내다. 본관(本貫)은 전주(全州)로 密城君 침(琛)의 19세손이다. 충남 아산시 배방면에 있는 호서대학교를 지나 세출장상지지(世出將相之地)의 명당이 있는 세출리(世出里)를 경유하여 풍세를 경유하여 공주로 들어섰다.

선운사(禪雲寺) 동백 숲

–전북 고창군 아산면 도솔산–

아내의 손을 잡고 선운사를 찾아서
세월의 추억들을 조각으로 맞춰갈 때
희(姬) 야의 손마디에도 주름반지 생기고.

향긋한 동백기름 등잔에 불 밝히고
동짓달 긴긴 밤을 사랑으로 녹이다가
햇살이 눈을 비비며 서 있는 줄 몰랐네.

살아온 세월들을 얼레에 감았듯이
깔깔한 눈언저리 잔주름이 피어나고
반백의 머리카락만 바람결에 날린다.

종가의 며느리로 궂은일마다 않고
오늘의 모습들을 한 폭에 그렸나니
동백꽃 빨간 열매가 햇살 뒤로 숨는다.

1998년 3월 1일 통권 126호 봄호 ≪시조문학≫ 66쪽

처서(處暑)

불볕에 불 지피니 대지가 들끓는다.
수증기 불러 모아 폭풍우 만들던 힘
가을의
문턱을 베고
몸살 앓고 누웠다.

장가를 들고파서 보채던 숫 곤충이
연인의 엄마잡고 나래로 능청떨며
그리움
삭일 수 없어
칭얼칭얼 보챈다.

나니야 예보 듣고 본능이 솟구치니
암수가 뒤엉켜서 속 날개 다독이고
마을의
마당놀이로
시끌벅적 떠든다.

1998년 8월 23일 신서정 제21집 ≪웅비의 나래≫ 204쪽

노점상(露店商)의 풍경

몰아친 환란으로 일터를 쫓겨나서
노점에 뛰어들어 버둥대는 몸짓들이
인도를
빼곡히 메운
노점 강이 흐른다.

얄팍한 월급봉투 허리끈 조여들고
가벼운 장바구니 주부들이 휘청댄다
가계부
신호등에도
빨간 불이 켜졌다.

불어온 구조바람 중산층 강타하니
실직한 근로자는 거리로 밀려나서
소주병
끌어안고서
새우잠을 청한다.

1998년 8월 23일 신서정 제21집 ≪웅비의 나래≫ 205쪽

가을의 문턱을 넘으며(處暑)

갈바람 두드림에 서늘바람 깜짝 놀라
먹구름 내던지고 뭉게구름 심을 때면
한강변
쑥부쟁이도
예쁜 꽃을 피운다.

스페인 머슴애의 기습폭우 몰아내고
반라(半裸)된 여인네의 살결을 애무할 때
서래섬
고추잠자린
하늘 높이 맴돈다.

양지쯤 비탈 밭에 벙글던 목화송이
밤새껏 솜틀 방을 뒹굴며 노니다가
여름의
끝자락 잡고
덩실덩실 춤춘다.

1998년 8월 23일 신서정 제21집 ≪웅비의 나래≫ 203쪽

■ 쑥부쟁이: 엉거시과의 다년초로 들에서 자라며, 땅속으로 줄기를 뻗어 번식하며 줄기는 자색을 띠고 가을에 담자색 꽃이 핌

반구정(畔鷗亭)

-경기도 파주시 문산읍 임진강변-

강 건너 산마루에 석양노을 걸어놓고
잔잔한 물결 위에 갈매기 오고가며
반구정
현판에서는
방촌채취 풍긴다.

낙조는 수줍어서 얼굴이 빨개지고
임진강 금물결은 몸통을 비꼬는데
갈매기
짝을 이루어
반구정을 찾는다.

지는 해 붙들려고 쫓아온 둥근 달이
북녘 땅 저쪽까지 환하게 비추는데
분계선
철조망에선
가로등이 졸고 있다.

1999년 9얼 1일 계간 ≪현대시조≫ 통권 63호 57쪽

만년설의 꿈(HOLOGATE)

-알래스카에서 96년 8월 7일-

태초의 눈을 지고 빙산의 꿈을 키워
자연과 싸우면서 묵묵히 굳어진 너
돌산의 젖꼭지 물고 만년설로 피었다.

억겁을 지켜오던 빙산이 무너질 때
하늘땅 뒤흔들고 절규로 몸을 떨다
열 받쳐 잠수하다가 물기둥을 세운다.

만년을 다진 눈이 보석으로 쪼개질 때
조각의 모서리에 별들이 몰려들어
관광객 유혹하면서 시리도록 빛난다.

수 천 톤 얼음덩이 바다에 수장될 제
물길을 돌리더니 회오리 일으키며
물보라 뿜어 올려서 무지개로 세운다.

1999년 10월 23일 신서정 제22집 ≪지울 수 없는 이름≫ 138쪽

세월이랑 나이랑

해와 달 밀고 당겨 얼레에 감은 사연
연줄을 당기듯이 힘차게 풀어 보며
연륜이 더해갈수록 주름살만 늘리네.

세월이 물이라면 나이는 바람 같아
밤낮을 돌고 흘러 빈 배를 채웠어도
다람쥐 쳇바퀴 돌듯 제자리만 맴돈다.

홀연히 불혹(不惑) 지나 이순(耳順)의 문턱에서
철났단 단어들로 겉포장 곱게 해도
귀밑의 구레나룻은 은빛으로 물드네.

얼굴도 만져보고 몸매도 가다듬고
겉옷을 걸칠 때면 어딘가 멋쩍어서
나이랑 세월이 굴러 서쪽 향해 달리네.

1999년 10월 23일 신서정 제22집 ≪지울 수 없는 이름≫ 141쪽

석송령(石松靈)

–예천군 감천면 천향리 노변에서 99년 7월 14일–

예천땅 감천고을 이 수목 노인 있어
홍수에 떠내려 온 소나무 보살피니
육백년 마을을 지킨 동신목(洞神木)이 소유주.

나무로 태어나서 토지를 상속받고
장학금 지급하고 세금도 낸다하니
국민의 납세의무로 덕을 베푼 석송령(石松靈).

세월을 당기다가 팔다리 틀어지고
솔 비늘 갑옷 입고 천하를 넘보다가
마을의 수호신되어 자자하다 칭송이.

힘차게 뻗은 줄기 하늘을 찔러내고
우람한 몸통에는 조상의 얼을 엮어
죽백의 책갈피 속에 오래도록 남으리.

1999년 8월 31일 가을호 ≪時人精神≫ 170쪽

■ 석송령(石松靈) : 경상북도 예천군 감천면 천향리 노변에서 600년을 넘게 살아온 소나무이자 지주의 이름이다.

밤길

등잔불 희미하게
창문에 비쳐들고

인기척 끊어지며
가로등만 졸고 있다

풀벌레
우는소리에
허전함이 감돈다.

2000년 10월 19일 회갑기념 시문집 ≪虛靜不如≫ 172쪽

거꾸로 본 나의 삶

낮과 밤을 번 가르며 술래 잡던 예순한 해
지워진 발자국에 숨겨놓은 사연 찾아
유년의
꿈 이야기를
잡기장에 옮긴다.

젊은 날 가슴속에 적어온 푸른 꿈이
때로는 너무 크고 더러는 작았어도
드높은 정상을 향해 미친 듯이 달리고.

이상(理想)은 현실 앞에 무릎을 꿇게 했고
식솔에 발목 잡혀 돈 밭에도 서성이다
정직과 성실 하나로 까치밥도 따보고.

뿌리로 물을 내려 흔적을 적셔보고
발자취 쏘다니며 찾아낸 글을 엮어
먼 훗날
후손을 위해
점 하나도 찍는다.

2000년 10월 12일 신서정 제23집 ≪붓대로 피운 꽃≫ 123쪽

요세미티(Yosemite)

만년을 숨겨놓은 요세미티 올라보니
평범한 삼림 속에 조물주의 조각품과
화공이
그리고 있는
미완성의 산수화다.

아득한 벼랑 끝에 은색의 고드름은
억겁을 흘러내려 세워놓은 기둥이다
산 것의
목숨을 이을
젖줄 같은 생명수다.

태초에 땅속에서 속마음 태우다가
생태계 보전하고 처녀림도 키워오며
자연의
신비로움을
체험하는 교육장이다.

2000년 10월 15일 회갑기념 시문집 ≪虛靜不如≫ 160쪽

화갑을 맞으며(庚辰年六十一周年)

금용의 등에 업힌 새로운 밀레니엄
동해에 목욕하고 여의주를 굴리던 날
찬란한
오색빛깔이
초가집을 밝힌다.

목에는 탯줄 감고 긴 터널 나와 보니
햇살에 눈부시어 세상이 두려운지
고고성(呱呱聲)
울부짖던 나
환갑주가 되었네.

해와 별 번 가르며 적어놓은 일기장에
두 경진 안의 사연 퍼즐로 맞춰가다
미로를
헤쳐 나오니
다른 꽃이 보이네.

2000년 10월 19일 회갑기념 시문집 ≪虛靜不如≫ 164쪽

삼수령(三水嶺)

구름이 머물다간 백두대간 등에 섰다
새소리 뒤를 좇아 매봉산에 올라보니
오십천 낙동 한강의 출발점인 삼수령.

대간이 흘린 땀이 오십 천에 모여들어
무릉대 자락 깔고 서사시를 읊조리다
죽서루 난간에 서서 해 오름을 건진다.

검용소(劍龍沼) 솟은 샘물 신령께 떠올리고
골지 천 몸통 굴려 아우라지 강에 모여
아리랑 뗏목을 타고 한양성을 흐른다.

황지 못 얼비치는 천재단을 망배하고
열목어 등줄 잡고 바위굴을 넘나들다
낙동강 천삼백리길 영남 땅을 적신다.

태백산 땀방울이 골짝을 누비더니
세월의 무게만큼 주름살로 천을 짜서
하회탈 머리에 쓰고 을숙도를 맴돈다.

2000년 10월 28일 신서정 제23집 ≪붓대로 피운 꽃≫ 117쪽

새 천년의 여명(黎明)

육각의 날개 펴고 사박사박 내려와서
빌딩 숲 각혈들을 하얗게 덮었는데
새 천년
여명의 빛이
시리도록 흐른다.

삭풍에 떨던 한매(寒梅) 방긋이 미소 짓고
언 땅에 뿌리내린 연초록 보리(麥)싹이
질곡(桎梏)을
헤치고 나와
신들린 듯 춤춘다.

지나간 천년 청사(靑史) 책갈피에 숨겨놓고
다가올 푸른 꿈을 여의주로 굴리면서
흰룡(白龍)은
온 누리 밝히려
하늘에 오른다.

2000년 10월 28일 신서정 제23집 ≪붓대로 피운 꽃≫ 113쪽

사을기(寺乙基)의 밤

빼꾸기 청승맞게 회심(悔心)을 토하는데
술 취한 난봉꾼이 문풍지를 두드리자
조각달
창문 틈새로
힐끔힐끔 엿본다.

혼돈이 쪼개지며 흘러내린 땀방울이
억겁을 굴려오며 접어온 주름살로
사을기 땡추중 깨워 밤새도록 마신다.

어둠을 밝혀주던 길동무 개똥벌레
형광등 원망하며 푸른빛을 토해내어
유년의
고향산천을
전지불로 밝힌다.

2000년 10월 28일 신서정 제23집 ≪붓대로 피운 꽃≫ 120쪽

■ 사을기(寺乙基)는 강원도 정선군 임계면 낙천리와 반천리 사이에 옛날 절터가 있었던 마을.

아내의 빈자리

첫날은 덤덤하고 다음날은 더 바쁘게
하루를 더한 만큼 빈 공간은 넓어지고
밤이면
옆자리에선
찬바람이 누웠다.

해와 달 번 가르며 일곱 번 넘나드니
어둠이 다가오면 냉기만이 찾아들고
선잠에
뒤척일 때면
뼈마디가 시리다.

짝되어 오늘까지 같은 길 손 맞잡고
되돌릴 틈도 없이 앞만 보고 걷다보니
잠시 빈
아내의 자리가
앞산보다 더 크다.

2000년 10월 23일 신서정 제22집 ≪붓대로 피운 꽃≫ 137쪽

태풍 '메기'

때 아닌 열대야로
나라가 찜통이다

'메기'가 승천하다
태풍몰아 할퀸 논밭

삶의 터
쓸고 간 자리
쭉정이만 떠있다.

2004년 10월 23일 신서정 제27집 ≪길을 가다가≫ 9쪽

파도의 톱질

바람에 선잠 깨어
비늘 세워 번뜩인다

거대한 몸을 굴려 산만큼 우뚝 솟던

파도는
무릎을 꿇고
백사장만 썰고 있다.

2004년 10월 23일 신서정 제27집 ≪길을 가다가≫ 10쪽

고내리의 추억

피서차 떠난 곳이
탐라 섬 고내리다

펜션에 여장 풀고
추억을 그려 본다

내 고향
내 유년을 떠올려
파도타고 노닌다.

2004년 10월 23일 신서정 제27집 ≪길을 가다가≫ 11쪽

■ 가족여행을 제주도로 정하고 택시로 관광하고 있던 중 고내리라는 이정표가 시야에 꽂혔다. 고내리 마을 남쪽으로 지나가는 굽은 일주도로를 직선화하는 신설 일주도로공사 구간에서 1994년 11월과 1995년 1월에 걸친 제주대학교박물관의 구제발굴조사를 통해 확인되었다.
내가 태어난 곳이 충청남도 논산시 연무읍 고내리라서 호기심에 이곳에서 2박을 결정하고 펜션을 예약하였다. 우연치고는 너무도 반가워 추억을 만들기로 하였다.
제주특별자치도 제주시 애월읍 고내리는 통일신라시대의 제주도의 생활 유적이 출토된 곳이다.

바람을 찾아서

한라산 베고 누워
파랑새를 찾고 있다

풀잎은 수런수런
바다는 출렁출렁

보채는
손자 얼굴은
생긋생긋 벙글고.

2004년 10월 23일 신서정 제27집 ≪길을 가다가≫ 12쪽

문성암(文星巖)

금편계(金鞭溪) 뒤뚱뒤뚱
흘러가는 여울물에

낚싯대 드리우고
시어(詩語)들을 낚고 있다

도공(陶工)은
노신(魯迅)의 얼굴을
석죽(石竹)에다 새긴다.

2004년 10월 23일 신서정 27집 ≪길을 가다가≫ 13쪽

■ 중국 장가계(張家界) 금편계곡(金鞭溪谷)에 있는 문성암(文星巖)이다. 금편계곡은 삼림공원의 동부에 위치해 있고 물이 금편암을 지나서 흐르며, 서쪽으로는 비파계로 모여 들고 동쪽으로는 삭계로 들어가는 한줄기의 깊고 고요한 협곡이다.

무릉선경(武陵仙境)

옛 이야기 속 신선이 오늘 다시 살아나와
천하의 절경 앞에 옷고름 풀어놓고

억겁을
마주 앉아서
바둑돌만 들었다 놓네.

전쟁을 피해 나와 산속으로 숨은 선비
세월만 낚아채다 백발만이 성성하다

복사꽃
흐르는 물에
한가롭게 떠도네.

2003년 3월 1일 통권 77호 봄호 ≪현대시조≫ 45쪽

■ 무릉원(武陵源) 중국 호남성 장가계시 무릉원구의 천자산(天子山 1,300m)아래로 펼쳐진 천하절경으로 일찍이 중국의 시인 이태백(李太白)과 도연명(陶淵明)이 칭송했고, 유네스코가 지정한 세계문화유산의 현장이다.

원가계 천하제일교(袁家界 天下第一橋)

오르던 길 멈추고
난간을 잡고 서서

돌계단 헤아리다
절벽을 굽어보니

자연이
섭리로 놓은
천하제일 석교다.

2004년 10월 23일 신서정 제27집 ≪길을 가다가≫ 15쪽

■ 중국 원가계의 천하제일교는 지상 357m지점에 지각변동과 풍화작용으로 자연이 빚어 만든 걸작품의 천연석교로 높이가 350m 상공 위에 두 산봉우리를 이어 만든 천연 석교의 절묘함을 보여 준다. 석교관경(石橋寬經) 2m, 두께(厚) 5m, 과도(跨度) 약 50m, 목의 길이(項長) 12m, 관(寬) 4m, 상대높이 400m, 두께가 5m나 된다.

설화(雪花) (1)

은하수
펴 내려서

누더기를
빨아 걸고

퀴퀴한 시궁창도 솜이불로 덮은 너는

달밤의
배꽃보다도
시리도록 희구나.

2006년 7월 30일 청운시문학 제17집 ≪침묵의 강 2≫ 91쪽

월아천(月牙泉)

낙타에 의지하여 고비사막 넘고 있다
명사산 울음소리 은은하게 들려오고
희맑은
오아시스가
상현달로 비친다.

2006년 7월 30일 청운시문학 제17집 ≪침묵의강 2≫ 92쪽

■ 월아천(月牙泉)은 둔황에서 남쪽으로 6킬로미터 떨어진 곳에 위치하고 모래 산이 운다고 해서 이름 붙여진 명사산(鳴砂山)의 계곡에 있는 초승달 모양의 작은 호수다. 수심은 평균 50센티미터로 제일 깊은 곳이 2미터이다. 물색이 맑고 파래 마치 거울을 보는 것과 같다. 이곳의 물은 둔황의 남쪽에 있는 치롄 산맥의 만년설이 녹아 지하로 스며들었다가 저지대인 이곳에서 솟아나는 것이라고 전한다. 이곳은 바람이 아무리 세차게 불어도 좀처럼 모래가 날아와 쌓이지 않는다. 그리하여 만천이라 불리기도 했다. 월아천 주위에는 원래 백여 칸의 사당과 정자, 그리고 누각들이 들어서 있었다. 전설에는 둔황이 갑자기 황량한 사막으로 변하자 어여쁜 선녀가 슬퍼하며 눈물을 흘렸고 이 눈물이 샘을 이루어 지금의 월아천이 되었다는 슬픈 사연도 전해온다.

사모곡(思母曲)

박문삼절(朴門三節) (1)

광해조 몰락할 때 충신열사 몇몇인가
패망한 군주에게 충절의 꽃피우고
퇴우정(退憂亭)
서당공(瑞棠公) 부녀(父女)
한 가정의 조 자 손.

임금을 패륜아로 점을 찍게 할 수 없어
간신을 멀리하며 서궁을 보호하니
민심은
퇴우정집에
읍백당액 걸었네.

■ 박문삼절 : 광해가 패망할 때 영의정이던 퇴우정 박승종과 그의 큰 아들 경기 관찰사 서당 박자흥이 머리를 맞대고 패망한 임금에게 충절을 다하기 위하여 자결하였다는 소식을 들은 관찰사의 따님으로 광해 세자빈이 된 박 씨 부인도 강화에서 목을 매어 자결하였다. 세인이 말하기를, 한집안에서 아버지와 아들은 음독 자진하여 일편단심의 충절을 보였고, 같은 무렵에 출가한 딸은 지아비가 관원에게 잡혀 죽었다는 부음을 듣고 목을 매어 자진한 일을 일컬어 말한다.

박문삼절(朴門三節) (2)

당략을 초월하여 수병(戍兵)을 위무하고
등거리 교린방략 외침을 잠재우니
탁월한 양면외교는 죽백(竹帛)에 적었네.

단심을 아는 이도 죽어서 말없다며
간신과 묶음 하여 역사책에 숨었다가
올곧은 대나무 통에 삼백년을 잠잤네.

뜻 있는 선비들이 목숨을 담보하여
충과 의 앞장세워 상소로 구명하니
하늘도 감동했는지 해와 달을 비췄네.

서당공 후손이여 처진 어깨 쭉쭉 펴고
용광로 쇳물 끓듯 주먹을 불끈 쥐고
새벽을 박차고 나온 태양처럼 빛나리.

선산에 백송(白松)을 심고

-고내곡 선산에 백송 2주를 심다

병자년 식목일은 청명한식 겹친 길일
어머님 묘소 앞에 술잔을 올리는데
그리움 아지랑이로 모락모락 꽃피다.

무덤가 언덕에는 초롱꽃이 불 밝히고
빛바랜 잔디 곁에 돋아난 파란 잡초
이른 봄 꽃샘추위에 오들오들 흔든다.

고운 흙 다독이며 흰 소나무 심었는데
때마침 비가 내려 촉촉이 적셔주니
먼 훗날 하얀 갑옷 입고 선영유택 지키리.

오늘의 이야기를 나이테에 적었다가
백발로 늙어진 뒤 신송(神松)이란 이름표로
천만 년 살아가면서 후손에게 전해다오.

1996년 4월 5일

■ 이 백송은 1996년 4월 5일 서울 종로 4가 약전골목에서 묘목을 구입하여 노곡공(魯谷公) 묘역의 청암공(淸巖公) 묘소 입구에 기념식수(紀念植樹)로 식재한 것이다.

아버님의 수실(壽室)에서

을해년 청명절에 산신께 고유하고
좋은 땅 가려잡아 지어놓은 흙무덤은
저승길 떠나시는 날 모셔야 할 안식처.

이승을 뒤로하고 유택에 가신 담에
자손이 번성하여 철마다 찾아들면
뒷동산 묘좌 언덕이 꽃향기로 젖으리.

맨 처음 태어나서 고고성 지르던 힘
참된 삶 매만지며 정렬 쏟아 쓰다듬다
거울에 비쳐진 모습 노을보다 밝았네.

가마를 내려놓고 주위를 살피다가
미소로 환한 얼굴 넉넉함이 보이어도
내 마음 한 구석에는 허전함이 감도네.

1996년 7월 26일 동아시문학 제4집 ≪여의도 패거리≫ 86쪽

사모곡(思母曲) (1)

-어머님의 6주년 기일에 부쳐-

육 년 전 해질 무렵 자식 품에 잠드시고
해마다 이날이면 우리 곁에 오시어서
이승서 못다한 회포 풀어내고 가신다.

대숲이 사박대는 신발소리 들리기에
문 열어 안내하니 촛불이 절 올리고
어머님 미소 지으며 신주 앞에 앉으신다.

자정이 지날 즈음 바람도 잠이 들고
뒷동산 두견새가 목 놓아 슬피 우니
촛불도 슬픔에 못 이겨 흰 눈물을 흘린다.

밥과 국 주과포(酒果脯)등 제수를 차려놓고
영위전 무릎 꿇어 잔 올려 큰절하니
인자한 얼굴 가에는 넉넉함이 보였다.

신주를 배웅하고 온 가족 모여 앉아
생전을 회고하며 음복주(飮福酒) 마시는데
모정이 술에 녹아서 가슴속을 흐른다.

1998년 11월 30일 신서정 제21집 ≪웅비의 나래≫ 189쪽

부자(父子)의 정(情)이 흐르는 강(江)

무겁던 여름하늘 먹구름 터트려서
목마른 대지 위를 촉촉이 적셔 내는
父子의 情을 엮어서 무지개도 세우고.

가냘픈 어깨 위에 무거운 짐을 지고
구름재 오르느라 구슬땀 맺힌 얼굴
부자의 정(情)에 부딪쳐 반짝이고 있었다.

재목을 만들려고 물속에 담가놓고
겉옷도 벗겨주며 햇볕에 태울 때도
부자는 정을 머금고 꿈나무로 서있고.

조상이 그랬듯이 대대로 텃밭 일궈
씨앗을 키워내다 피멍든 그 자리도
부자(父子)의 정(情)에 녹아져 아물면서 커간다.

1998년 11월 30일 신서정 제21집 ≪웅비의 나래≫ 192쪽

목련찬가(木蓮讚歌) (1)

-1998년 4월 1일 기념식수-

서실의 문지기로 백목련을 정하고
화사한 봄이 오면 새들이 둥지 튼다
백학이 놀다간 자리 깃털만이 뒹군다.

따가운 한여름에 비바람 부는 날은
넓적한 손을 벌려 햇살도 가려주고
빈객을 맞아들이며 제자리를 지킨다.

서풍이 불어올 땐 통통한 몸을 세워
건장한 팔 다리는 바람에 몸을 풀고
겨울을 견뎌야 하는 체력단련 힘쓴다.

혹한에 얼어붙어 티눈이 박혔던 곳
삭풍과 싸우다가 상처 난 그 자리에
이른 봄 뜰을 밝혀줄 백학들을 키운다.

1998년 11월 20일 사조협회 ≪시조한국≫ 98 창간호 152쪽

■ 황곡서실(煌谷書室) : 논산시 연무읍 고내곡로 351호에 위치한 노곡재(魯谷齋) 안에 있는 시인의 서실.

목련찬가(木蓮讚歌) (2)

노곡재 대문 옆에 새하얀 목련꽃은
봄이면 화사하게 여름이면 녹색 피는
추원문(追遠門) 수문장으로 빈집이나 지키고.

따가운 햇살이나 비바람 몰아칠 때
푸른 잎 넓게 펼쳐 풍우를 막아주고
목련은 우두커니 서 낮잠이나 자는 거여.

서늘한 바람결에 통통히 살 오르면
황금빛 물결 위에 겉옷을 띄워놓고
나목은 춤을 추다가 알몸 되어 섰을 거여.

가지 끝 눈이 쌓여 눈꽃을 피웠다가
한겨울 혹한으로 금이 간 그 자리에
새봄에 뜰을 밝혀줄 꽃망울로 피는 거여.

≪시조한국≫ 98창간호 발표

굴비의 일생

법성포 포구밖엔 조깃배 꾸물대고
갯바람 흔들다가 얼굴을 쓰다듬자
조기 떼
줄에 엮여서
갈증 난다 외치네.

임신부 참 조기가 소금 옷 탈탈 털고
연기에 질식시켜 굴비라 이름지어
부잣집
식탁에 올라
눈 못 감고 누웠다.

때로는 고달프게 시장을 떠돌다가
들보에 매달려서 그네도 타보다가
어머님
손맛을 거쳐
제사상에 오른다.

1998년 2월 20일 ≪시조문학≫ 통권 126호 98 봄호 67쪽

깊은 밤 시골 소리

산골짝 사랑방에 소리꾼 창을 할 때

한밤중 등잔심지 푸지지 뿌지직 타는 소리,
아낙네 홀로 앉아 삐거덕 빼거덕 씨앗소리,
시냇물 부둥켜안고 졸졸졸 흐르는 소리,
고부간 마주앉아 또드락 딱딱 다듬질 소리,
대나무 바람에 흔들며 서걸 서걸 댓잎소리,
사랑채 영감님이 타앙탕 담배통 때리는 소리,
선잠깬 암소가 머리를 흔들 때마다 뎅그렁 딩 그렁 풍경소리, 산사의 목탁소리 딱 딱 간간이 들려오고,
심통 낸 머슴 놈이 손바닥에 퉤퉤 침 발라가며 새끼 꼬는 소리, 산기슭 깊은 곳에 소쩍새 소 쩍쩍 소쩍쩍 피토하며 우는 소리,
꼬끼오 새벽닭이 울어대자, 창밖에서 사박사박 오입쟁이 서방님의 신 끄는 소리에,
멍멍 개가 짖는 소리도 들렸는데,

귀신이
볍씨를 까는
그 소리가 빠진 거여.

월현사(月峴祠)

-1999년 7월 4일 한가락회원과 함께-

이제(夷齊)를 스승삼아 부조현 넘던 기개
송경(松京)의 통곡소리 두문동을 울리던 넋
괭나무 뿌리 깊숙이 붉은 마음 심었네.

만수산(萬壽山) 타던 불꽃 아직도 뜨거운데
달 고개 넘던 혼백 단주마을(丹朱里) 지키면서
찾아온 사문의 손님을 바람결로 반기네.

푸름이 짙은 7월 월현사(月峴祠) 향냄새가
깨끗한 몸과 맘을 정성으로 싸고돌며
일 민(逸民)의 높은 강개를 후배들에 전하네.

조정(朝廷)은 예를 갖춰 출사(出仕)를 원했건만
뜻 세워 몸을 닦고 세 번이나 사양(拒絕)터니
박전서 절개 지킴은 아홉 명이 통했네.

1999년 7월 4일 열한 번째 시조 모음 다운샘 ≪한가락≫

■ 이제(夷齊) : 중국 주(周) 나라 때 사람 고죽군(孤竹君)의 아들이며 백이(伯夷)와 숙제(叔齊)는 형제(兄弟)이다.

시루 떡

곡식을 가루나 삶아내어 시루에 앉혀놓고
증기로 쪄서 만드는 고유의 증병(甑餠)이다
제사와 잔치에 쓰는 민속의 전통음식.

물 채운 솥 위에다 시루를 앉혀놓고
증기가 새지 않게 시룻번 붙인 다음
아궁에 불을 지펴서 찌어내는 우리 떡.

시루에 깔은 곡물 사이좋게 포개 누워
흰옷에 흑임자면 어둡다고 칭얼대고
형형(形形)의 색깔들끼리 조화(調和)이룬 시루떡.

1999년 10월 23일 신서정 제22집 ≪지울수 없는 이름≫ 135쪽

■ 시루와 시루떡 : 시루는 수천 년 겨레와 함께해 온 정든 그릇입 니다. 제사와 잔치 때 쓰이는 시루떡은 한국 고유의 찜기인 시루의 바닥에 꽃잎 모양으로 구멍을 내어 뜨거운 김이 올라와 시루 안의 음식이 쪄지게끔 되어 있다.

태백산 천제단(天祭壇)

제석(除夕)을 하루 앞서 천제단에 다다르니
새하얀 목화송이 나비로 춤을 추다
단군님
도포자락에
차곡차곡 쌓이네.

나목은 신명 얻어 휘파람 불어주며
빗돌에 내린 백설 설화로 갑옷지어
한배검
하얀 수염은
고드름이 달렸네.

제물을 차려놓고 새해소망 기구(祈求)하며
눈감고 숨을 골라 천부경을 암송할 제
정화수(井華水)
고체(固體)로 변해
보석처럼 빛나네.

1999년 10월 23일 신서정 제22집 ≪지울수 없는 이름≫ 140쪽

매화비가 내리던 날

봄소식 바람 타고 토담에 배달되면
가랑비 고뿔에 걸려 동파에 떨고 있던
매화 눈
피멍든 자리
꽃망울이 터지고.

개천가 버들가지 하얀 눈 깜박이고
벙글던 복슬 망울들이 바람에 움츠리자
안개로
이불을 덮어
자장가를 부른다.

질펀한 들판에서 추위에 떨던 보리
따스한 볕 찾아오면 온몸을 들썩이고
밭이랑
꽃비에 젖어
얼굴 살짝 붉히네.

1999년 10월 23일 신서정 제22집 ≪지울수 없는 이름≫ 143쪽

백목련이 피는 뜻은

입술이 터지도록 키워온 망울마다
부리를 쭉 내밀어 털옷을 벗어내고
추위에
움츠리다가
화사하게 웃는다.

양파를 벗겨내듯 속살을 드러내고
목 늘려 울다가도 흰 소매 펄럭이며
백학이
날개를 펴고
나르려는 자세다.

1999년 10월 23일 신서정 제22집 ≪지울수 없는 이름≫ 131쪽

백학이여 울어 보렴

푸르른 소나무에 둥지 튼 백학이여
끝가지 걸터앉아 고고하게 우는 뜻은
너와 나
가슴을 열어
풀어가란 뜻이다.

신들린 몸짓으로 온몸을 추썩이며
심금을 울려내고 끼룩끼룩 우는 뜻은
천년의
살아온 지혜를
깨우치란 뜻이다.

순백의 날개 펴서 회색다리 쭈뼛쭈뼛
창공을 나르다가 목 늘려 우는 뜻은
더 높은
세상을 향해
도전하란 뜻이다.

2000년 10월 28일 신서정 제23집 ≪붓대로 피운 꽃≫ 125쪽

미혼대(迷魂臺)

천자가 칼로 베어
깎아 세운 괴암괴석

길손을 유혹하며
넋마저도 앗아 간다

운무로
장막을 치고
마음 씻고 오라는 듯.

2004년 10월 23일 신서정 27집 ≪길을 가다가≫ 16쪽

■ 미혼대(迷魂臺)는 중국 호남성 장가계시 무릉원구의 천자 산에 있는 원가계 최고의 기암절벽의 경치 중에서 풍경이 너무 황홀하여 넋을 빼앗겨 버릴 만큼 아름다운 곳이라 하여 붙여진 이름이다.

십리화랑(十里畵廊)

안개로 물감 풀고
소나무 뽑아들어

천자산 자락에다
그려놓은 역작이다

백설은
화선지 위에
설화 한 폭 더한다.

2004년 10월 23일 신서정 27집 ≪길을 가다가≫ 17쪽

■ 십리화랑은 구이양(貴陽)시 카이양(開陽)현에 있으며 네이칭룽(內清龍)하 양안의 봉황채(鳳凰寨), 허완핑채(河灣平寨), 룽탄빠(龍灘垻), 마터우채(馬鬪寨), 핑채(坪寨), 수이터우채(水鬪寨), 왕처(王車) 등 촌락을 따라 건설한 색다른 풍미를 자랑하고 있다.

동그라미(無終有始)

만물이 고이 잠든
새벽을 탈출한다

농부는 논밭으로
장사꾼은 난장판으로

참삶의
고뇌와 어둠을
열고 닫는 점(點)인 거.

2004년 10월 23일 신서정 27집 ≪길을 가다가≫ 18쪽

■ 다음백과사전에서 원의 정의를, 평면상의 한 점에서 일정한 거리에 있는 평면상의 점으로 이루어지는 곡선. 원에 있어서 부채꼴은 두개의 반지름과 그것들의 끝점을 연결한 호에 의해 형성되는 도형이다. 즉 원의 두개의 현이 같으면 그에 대응하는 호도 서로 같다.
천부경의 81자 중 첫 구절 일시무시일과 마지막 구절 일종무종일의 10자에서 원의 허공은 텅 비어있는 것 같으나 무한한 생명체로 가득히 쌓여 우주 스스로 창조하고 생육하고 번식하고 조절하여 발전해 나가는 시무시(始無始) 종무종(終無終)의 진리가 원을 만들어 그 안에 담아 놓았다고 한다.

아니 벌써?

어깨를 짓누른다

지난날의 보따리가

이마엔 주름 늘고

머리칼은 표백되어

황토 재
넘는 고갯길
발걸음이 무겁다.

2006년 7월 30일 청운시문학 제17집 ≪침묵의 강(2)≫ 84쪽

겨울잠(冬眠)

묘목을 심기 위해
언 땅을 파헤친다

굉음에 깜짝 놀라
눈을 뜨고 흘겨보던

개구리
목을 움츠리며
데굴데굴 뒹군다.

2006년 5월 1일 월간 ≪문학공간≫ 통권 198호 185쪽

막고 굴(莫高窟) 제198호 와불

도 닦던 낙존 스님
경문 풀어 염불하고

모로 누운 부처님이 실눈을 뜬 까닭은

도솔천
너무 협소해
깨달음을 찾는 걸까.

2004년 10월 23일 신서정 27집 ≪길을 가다가≫ 18쪽

■ 모가오쿠(莫高窟 : mò gāo kū)어굴은 문화어: 막고 굴은 중국 간쑤 성 둔황시 동북쪽 25㎞ 지점에 명사산 동남쪽 벼랑에 있는 대표적인 천불동(千佛洞)이라 부른다. 제198굴 와불은 1987년에 유네스코 세계 문화유산에 등재됐다. 대한민국에서는 주로 둔황 석굴이라고 부른다.
전진(前秦) 건원(建元)2년(366) 승려인 낙준이 개착하기 시작하여 당 경력(經歷) 원년(698)에 이회(李懷)가 막고 굴을 중수하여 굴 안에 있는 감실 1천여 개를 발견해 건축, 벽화, 조각구성의 종합체로서 둔황 예술의 중심이다.

도를 얻으려면 천기에 맡겨라(水滴石穿) (1)

(물방울이 떨어져 돌을 뚫어 구멍을 낸다)

마이산 틈새에서
물방울이 똑 똑 똑

바위를 뚫고 파서
옹달샘을 빚어놓고

목마른
길손의 갈증을
풀어주는 자비심.

2006년 7월 30일 청운시문학 제17집 ≪침묵의 강(2)≫ 87쪽

■ 물방울이 떨어져 돌을 뚫어 구멍을 낸다. 도를 배우는 사람은 모름지기 힘써 구하라. 물이 모이면 개천을 이루고, 참외는 익으면 꼭지가 떨어진다. 도를 얻으려는 사람은 모든 것을 하늘의 뜻[天機]에 맡기라는 뜻이다.(水滴石穿. 學道者, 須加力索. 水到渠成, 瓜熟蒂落. 得道者, 一任天機.)

도를 얻으려면 천기에 맡겨라(繩鉅木斷) (2)

(새끼줄로 톱질하여 나무를 자른다)

나무에 붙잡혀서
빨랫줄로 묶인 생애

눈보라 비바람이 인종(忍從)으로 톱질하다

질곡(桎梏)을
풀어 던지고
잘라지는 그 기쁨.

2006년 7월 30일 청운시문학 제17집 ≪침묵의 강(2)≫ 88쪽

■ 작은 힘이라도 끊임없이 노력하면 하늘의 뜻이 더해져 새끼줄로 톱질해도 나무가 잘라지는 것이다. 도를 배우는 사람은 모름지기 힘써 구하라. 물이 모이면 개천을 이루고, 참외는 익으면 저절로 꼭지가 떨어진다. 도를 깨치려는 사람은 모든 것을 하늘의 뜻에 맡겨라.
(繩鋸木斷, 學道者, 須加力索. 水到渠成, 瓜熟蒂落. 得道者, 一任天機.)」

숲의 소리

물소리 졸졸대고
바람소리 소슬한 기슭

솔향기 물씬 나는 잣나무 숲을 차고

푸드덕
장끼가 난다
하늘 높이 솟는다.

2006년 7월 30일 청운시문학 제17집 ≪침묵의 강(2)≫ 89쪽

■ 몸과 마음을 정화하는 숲 바람소리, 물소리, 새소리 등 숲의 리듬감 있는 자연의 소리는 신경을 안정시켜 스트레스를 없애준다. 특히 자연 속에 있으면 행복감과 안정감을 주는 신경전달 물질인 흐르는 강물소리, 쏟아 붓는 폭포소리, 실개천 뒹구는 소리, 바다의 파도소리, 계곡물 주르륵 소리, 숲에서 들리는 자연의 소리, 새소리, 낙엽소리, 흙소리, 빗소리, 짐승의 포호소리, 구애소리, 두런두런 이야기소리, 웃음소리, 울음소리, 싸우는 소리, 천둥소리, 번개소리 하나씩 관심을 가지고 들어보면 자연의 소리가 몸과 마음을 정화시켜 준다.

휴전선(休戰線)

미소(美蘇) 짓는 승냥이의
발톱에 찢긴 조국산하

그 상처 너무 깊어 반백년을 앓고 누워

앙상한
뼈대로 남아
피눈물을 흘리고.

2006년 7월 30일 청운시문학 제17집 ≪침묵의 강(2)≫ 90쪽

채석강의 노을

꿈나무

칭찬은 아낌없고 꾸중이 인색(吝嗇)하면
창의력 살아나고 봉사정신 눈을 떠
내일의
희망을 여는
꿈나무로 자란다.

이기심 벌(罰)을 주고 협동심 장려하면
어른도 공경(恭敬)하고 도의가 발현(發顯)되어
예절이
바른 나라의
마룻대로 자란다.

금수강산(錦繡江山)

半萬年 나이테를 檀木에 쪼아 넣고
江山은 四季꽃아 繡를 놓아 丹粧시켜
갈라진
조국강토를
한 덩이로 만드세.

物質에 誘惑되어 서양풍에 찌든 때를
白頭山 天池물에 깨끗이 빨아 널고
백색의
무궁화 꽃을
다시 한 번 피우세.

황금에 눈이 멀어 外出한 良心들을
제자리 불러들여 정신을 일깨워서
해 뜨는
예절의 나라
찬란하게 가꾸세.

「錦繡江山」 상록시조회

채석강(彩石江)의 저녁노을

바위를 쪼아내어 쌓아놓은 오거서(五車書)
위기를 구출해낼 지혜를 감춰두고
현인(賢人)의 책 읽는 소리가 귓전에서 맴돈다.

억겁을 보내면서 찢겨진 책갈피에
연인의 노랫말을 한 움큼 주워 모아
낙조는 황금길 열고 수평선을 넘는다.

변산(邊山)의 채석강에 산수화 그리는데
화선(畵仙)이 실수하여 물감을 떨어뜨려
저녁놀 수평선 위를 화광(化光)으로 태운다.

서책의 맨 끝장에 구겨진 잡초 하나
태초의 모습대로 화사한 꽃이 피고
석양은 취객을 붙들고 은근살짝 꼬신다.

1998년 11월 30일 신서정 21집 발표 ≪웅비의 나래≫ 202쪽 煌

■ 채석강(彩石江) 전라북도 부안군 변산반도 서쪽의 층암절벽 지역. 아름다운 경치와 기묘한 형상의 바위들이 조화를 이루고 있으며, 관광지로 유명하다. 천연기념물 제28호로 지정되어 있다.

칠산도(七山島)의 천일염

콧속을 파고드는 비릿한 바다 냄새
물레에 실을 감듯 거품모아 굴리더니
해수(海水)가 증발되면서 결정체로 변한다.

갯벌에 칸을 막아 사리에 물을 잡고
겨울에 눈 치우듯 고무래로 뒹굴려
햇볕에 수분을 기화(氣化)시켜서 소금 꽃을 피운다.

태초의 방식대로 갯벌에 담을 쌓고
조금에 톱질하여 햇볕에 말린대서
죽염의 원료로서는 엄지가락 세운다.

1998년 11월 30일 신서정 21집 발표 ≪웅비의 나래≫ 201쪽 煌

- 사리 : 한 달에 두 번 보름(음력 15일)과 그믐날(음력 30일)에 일어나는 천문현상으로 바닷물이 가장 많이 들어와 만조(滿潮)와 간조(干潮)의 높이 차가 최대일 때. 지구-달-태양이 일직선상에 위치하고 있을 때 태양과 달의 인력이 지구의 바닷물을 끌어들여 바다의 수면이 올라가게 되는 현상이다.
- 조금 : 조차가 적은 날로 대개 음력 매달 8일과 23일에 있다. 오른쪽 반달은 상현(上弦), 왼쪽 반달은 하현(下弦)이다.

매화는 벙글고

-양산 통도사 뒤뜰을 찾아서 1998년 3월 5일-

통도사 뒷마당에 움츠렸던 매화나무
삭풍에 찢긴 살점 핏빛으로 아물다가
분홍빛
눈망울 열고
비구니 응시한다.

훈훈한 봄바람에 파르르 떨더니만
눈시울 빨개지며 꽃망울 터뜨리고
가람(伽藍)에
매향(梅香)을 날려
수도승(修道僧)을 유혹한다.

1998년 11월 30일 신서정 21집 발표 ≪웅비의 나래≫ 煌

■ 가람(伽藍) : 인도어의 상가라마(Saṃghārāma)는 한문으로는 승가람마(僧伽藍摩)로 표기되며, 승가(僧伽)란 중(衆), 람마(藍摩)란 동산(園)의 뜻으로 이는 중원(衆園), 즉 여러 승려가 한데 모여 불도를 닦는 곳이다. 이것을 후세에 절(寺) · 가람(伽藍)이라 부르게 되었다.

꽃비

하늘을 유혹하던 구름이 부서지며
보슬비 첨벙이다 벚꽃에 뽀뽀하자
노처녀
얼굴이 빨개지며
땅바닥 앉는다.

물안개 피어올라 꽃잎을 적시다가
바람에 춤을 추며 팔다리 흔들리고
아가씨
댕기머리가
꽃무늬가 박힌다.

1998년 11월 30일 신서정 21집 발표 ≪웅비의 나래≫ 198쪽 煌

불나비

윤중제(輪中堤) 구경 나온 인파에 놀란 벚꽃
도리질 몇 번 치고 치켜들던 끝나래
실바람
한 줄기에도
뒤척인다 온몸을.

허공을 맴돌다가 아내의 귀에 대고
은어로 수작 걸며 손등에 앉았다가
꽃잎은
방향을 잃고
불나비로 춤춘다.

1998년 11월 30일 신서정 21집 발표 ≪웅비의 나래≫ 200쪽 煌

흙을 뚫은 새싹

새 생명 잉태하고 첫울음 울 때까지
그 많은 사연들을 진통으로 재우다가
맨살을
찢는 소리로
고고성(呱呱聲)을 토한다.

연초록 떡잎 하나 땅 위로 돋아나면
아득히 깊은 곳에 심장이 열리면서
태어난
어린 싹들이
왁자지껄 웃는다.

1997년 12월 27일 청운문학 제5집 ≪여의나루의 꿈≫ 64쪽

어느 봄날의 오후

팔당 댐 호반 위에 봄바람 일렁이고
둔치의 새싹들이 잠에서 깨어나면

유년의
고향하늘이
신기루로 떠있다.

퇴촌길 여울목에 물안개 피어나면
얼비친 백병산이 물위에 떠 일렁이고

가로등
햇살에 취해
꾸벅꾸벅 잠들고.

1997년 12월 27일 청운문학 제5집 ≪여의나루의 꿈≫ 65쪽

개나리 꽃

세파에 찌든 때를 줄기에 감아두고
꽃망울 주머니를 올몽졸몽 달아놓고
춘설이
난분분하니
꽃샘 속에 숨는다.

한설에 울며 떨던 앙상한 가지마다
수많은 사연들을 인생길에 묻어놓고
새싹이
터지기 전에
초롱꽃을 피운다.

토담 밑 병아리가 추위에 떨다가도
제비가 날아들어 한번 어깨 추스르면
부리가
떨어진 곳에
노란망울 터진다.

1997년 12월 27일 청운문학 제5집 ≪여의나루의 꿈≫ 69쪽

대나무

비바람 거셀수록 단단한 뿌리내려
속이 빈 왕대나무 고리로 매듭지어
깊숙한
터널 속에다
무슨 보물 숨겼나.

죽순이 돋아난 지 두 달 만에 자라고
수명은 백오십 년 속마음 비웠나니
품성이
올곧다하여
사군자라 칭한다.

해맑은 기상 세워 절개를 지켜가고
백년을 기다리다 대꽃을 피울 때면
푸름이
누렇게 변해
힘을 잃고 서 있다.

≪시조문학≫ 98 겨울호 발표

새벽 풍경

지금이 몇 시인데 문풍지가 칭얼대자
이불을 덮어쓰고 돌아눕던 순돌이
먼동이
터지는 소리에
눈을 뜨고 비빈다.

간밤의 빗장 풀고 하늘 문 열려오자
큰 소리 질러가며 활보하던 주정꾼
어깨가
낮아지면서
대문 안을 들어선다.

1997년 3월 7일 박안기교수 정년기념집 16쪽

한가람(漢江) 천삼백 리

태백산 금대봉의 제당궁을 뛰쳐나와
검용소 용출하여 숨 가쁘게 달려서
검용은 물살을 굴려 아우라지 건너고.

단풍잎 조각배로 산천을 유람하며
먼 산을 끌어당겨 가슴에 품었다가
절벽에 곤두박질로 다이빙도 해본다.

용소(龍沼)를 자맥질로 샅샅이 뒤지다가
고개를 번쩍 들고 깊은 숨을 고르더니
북한강 손을 맞잡고 임진강을 아우른다.

실개천 불러들여 무리로 어우러져
미명(未明)의 땅덩이도 촉촉이 적셔내고
한 가람 천삼백 리 길 줄자 크게 펼친다.

1998년 11월 30일 신서정 21집 발표 ≪웅비의 나래≫ 101쪽 煌

폭포

억겁을 하루같이 물줄기 쏟아내어
절벽도 뛰어넘고 바위도 뚫어내며
물기둥
까치발 세워
하늘 위를 넘본다.

빈 공간 이는 삶도 머리가 무거운데
땅덩이 치켜들고 팔다리 곤두세워
무시로
진땀 흘리며
쏟아지는 물줄기.

1998년 11월 30일 신서정 21집 발표 ≪웅비의 나래≫ 103쪽 煌

산사(山寺)

산사에 범종 울면 하늘도 빗장 걸고
노승이 목탁 소리 파장 타고 번져나면
불자들 염불소리가 산자락을 깨운다.

주지승 독경소리 목청을 돋울 때면
명부전 뒤꼍에선 두견새 슬피 울고
밤새워 토낸 넋은 앞뒤 산을 태우고.

산새들 홰를 치면 졸다가 깨어나서
앞산을 둘러보니 초록색 양탄자에
소쩍새 눈물로 그린 산수화가 붉는다.

풍경(風磬)을 스치면서 지나던 솔바람이
잠자던 땡추중의 빰따귀를 후려치자
두견화 깜짝 놀라며 눈을 크게 굴린다.

1998년 11월 30일 신서정 21집 발표 ≪웅비의 나래≫ 196쪽 煌

■ 두견(杜鵑) : 두견 잇과에 속한 새. 스스로 집을 짓지 않고 휘파람새 등의 둥지에 알을 낳으며, 부화한 새끼는 그 새가 키운다.

신음하는 한탄 가람

악취로 물씬 젖는 썩어가는 한탄 가람
기름옷 걸쳐 입고 허우적거리다가
곱사등
곤두세우고
갈지자로 걷는 너.

강둑을 탕탕 치며 애원하던 붕어들이
붉은 눈 부릅뜨고 맑은 물 갈구하며
한 줄로
꼬리를 물고
거스르며 오르고.

굽어진 등허리엔 하얗게 멍이 들고
상처를 감추려고 온몸을 비틀더니
퀴퀴한
시궁창 냄새
토해놓고 흐른다.

1998년 11월 30일 신서정 21집 발표 ≪웅비의 나래≫ 199쪽 煌

눈꽃(雪花) (2)

이른 봄 창 너머에 꽃잎이 그리워서
들창문 열어보니 벚나무 가지 끝에
눈송이
빼곡히 쌓여
몽실몽실 피었다.

바람이 날아들어 꽃잎을 애무하자
꽃송이 간지러워 온몸을 꼬더니만
앙상한
뼈대만 남아
삐걱대는 소리다.

≪시조문학≫ 98 겨울호 발표

경칩(驚蟄)

겨우내 잠을 자던 개구리 폴짝 뛰자
꼬마들 몰려나와 논밭 둑을 뛰어놀고
개울가
버들강아지
꼬리치며 반긴다.

개구리 쫓던 녀석 물 속을 헤매다가
모닥불 피워놓고 젖은 바지 말리며
집나간
개구리 소년들
고향 생각 하는가.

시조문학 98 겨울호 발표

■ 개구리소년의 사건은 1991년 3월 26일 대구광역시 달서구 성서지역에 있는 와룡산에서 5명의 아이들이 실종되는 사건으로 정식 사건명은 대구 성서초등학생 실종사건이며 2002년 실종된 아이들의 시신이 발견되면서 대구성서초등학생 살인 암매장 사건으로 정정되었다.

무궁화(無窮花)

-치악제 전국시조 백일장 99년 8월 30일-

배달의 표상으로 가꿔온 대한의 꽃
은근과 끈기정신 민족의 얼이어라
지나간
천년의 세월
너의 모습 장하다.

외압(外壓)과 내홍(內訌)까지 견디고 참아내며
혼탁한 세상에도 곧은 기상 펼친 그대
즈믄해
21세기엔
화합의 꽃 피려나.

1999년 10월 10일 제9회 전국 고시조 백일장 상록시조회

흔들바위

-강원도 설악산 울산바위 가는 길-

계조암 반석 위에 걸터앉은 흔들바위
청산을 벗 삼아서 호연지기 양생하며
어제도 몸을 흔들어 속마음을 비우고.

바람도 물소리도 미물에서 영장까지
발걸음 멈춰서고 힘주어 밀어보면
신통한 영매의 조희(嘲戲)에
들썩이는 계조암(繼祖庵).

오늘도 흔들듯이 억겁을 변함없이
자연과 함께하며 무상의 그 자세로
내일도
밀어만 주면
중심잡고 흔든다.

1999년 9월 1일 통권 63호 계간 ≪현대시조≫ 가을호 56쪽

■ 강원도 속초시 설악동 215 설악산 국립공원 내의 울산바위 아래 계조암 뜰에 있는 바위로 쇠뿔바위(牛角巖)이라고도 하 며 누구나 흔들면 흔들리기 때문에 설악산 팔기(八奇)가운데 하나다.

남북정상회담(南北頂上會談)

남북의 지도자가 손에 손을 맞잡던 날
전파도 흥분했다 온 누리가 들끓었다
얼었던
북녘의 땅이
화끈하게 녹을까.

천수답 위아래 논 물꼬를 틔워놓니
즐거운 물고기 떼 남과 북을 오가느라
앞가슴
풀어헤치고
비늘 세워 달린다.

휴전선 철거되면 맘대로 오갈 거고
끊겨진 철길교각 고치고 새로 놓아
피붙이
방문열차로
유럽까지 달릴까.

2000년 10월 28일 신서정 제23집 ≪붓대로 피운꽃≫ 116쪽

■ 2000년 6월 13일부터 15일까지 평양에서 열린 역사적인 남북정상회담에서 김대중 대통령과 김정일 국방위원장은 6 · 15남북공동성명을 발표했다.

구미정(九美亭)

여울을 주름접어 골지천(骨只川)을 펼쳐놓고
온몸을 굴리다가 흰 거품 토하더니
벽계수
속살 다듬어
구미정(九美亭)을 세우고.

예전에 봉안됐던 대웅전 석가탑에
피라미 송사리 떼 엎드려 기도하니
얼비친
정자 안에서
미소 짓는 부처상.

아홉 골 선남선녀 쌍쌍이 모여들어
태초의 생김새로 몸매를 뽐내보다
정자에
올라앉아서
18선녀 찾는 거.

2000년 10월 28일 신서정 제23집 ≪붓대로 피운꽃≫ 119쪽

■ 구미정(九美亭) : 강원 정선군 임계면 봉산 리에 있는 조선시대의 누정. 남한강 상류 골지천의 넓은 암석 위에 세워진 정자로, 조선 숙종 때 이자가 은거하면서 피서와 풍류를 즐기기 위하여 건립한 것이다.

상춘(賞春)

누각에 올라앉아 사방을 둘러본다.
집집의 창문에는 주렴이 올라가고
산골은 눈을 녹여서 옹달샘이 솟는다.

매화꽃 향기에 취해 흥에 겨운 실버들
뾰족 내민 연둣빛 싹 어찌 보면 참새의 혀
시인은
감성의 밭에서
시어들을 캐낸다.

2001년 10월 27일 신서정 제24집 ≪바람에 귀를 열고≫ 88쪽

봄눈(春雪)

철없이 방황하던 눈보라 잠이 든다
따스한 실바람의 소식을 전해 듣고
잔설은
몸살을 앓아
식은땀을 흘리고.

누더기 펄럭이며 들고 온 편지 사연
홍매의 빨간 눈을 나비가 쪼아놓자
산골짝
얼음덩이가
흐물흐물 녹는다.

하늘을 난무하던 날개가 꺾이었나
훈풍이 날아들자 흐르던 물방울이
햇살로
반짝이다가
별빛 하나 꽂는다.

2001년 10월 27일 신서정 제24집 ≪바람에 귀를 열고≫ 89쪽

보리물결

보리밭
푸른 물결

밀려오는 넉넉한 들녘

버들가지
흥겨운 춤에
살구는 볼이 붉고.

덩달아
종달새 한 쌍
지지배배 속삭인다.

2002년 2월 18일 2001년 한국시조 연간집 148쪽

그대의 강에 흐르는 꽃씨

나뭇잎

가지에 매달렸던 빛바랜 잎새들이
뿌리를 맴돌다가 한번쯤 솟구치다
회오리
바람에 말려
하늘 위로 오른다.

잎 떨군 그 자리에 숨 고르던 어린 싹이
내일을 가늠하며 푸른 꿈도 키우다가
찬바람
자락에 얹혀
칭얼칭얼 보챈다.

가려진 저 햇살에 얼굴을 비비다가
미풍에 흔들리다 기지개도 켜보다가
움츠린
가슴을 펴고
비늘 세워 눕는다.

1997년 12월 27일 ≪한국시조≫ 97도 년간집 123쪽

새벽을 깨우며

하얏트 유리벽을 황금 색깔 도금하고
아침을 노크하며 둥근 해가 떠오르자
비둘기
깃을 치면서
하늘을 유영한다.

안개를 가르면서 잉어가 헤엄치고
아이들 웃음소리 저만큼 들려오면
풋풋한
푸성귀 내음
코를 살짝 만진다.

1998 4월 1일 통권108호 「월간한국시」 118쪽

그대의 강에 흐르는 꽃씨

-조근호사백의 시집에 부쳐 -

그대의 꽃씨 한 줌 여울에 띄워놓고
시어로 주워 담아 시혼을 불태워서
한강이
마를 때까지
향기 넘쳐흐른다.

강물에 띄워 보낸 수많은 꽃말 중에
낚시로 잡아 올린 시어로 꽃을 피워
그대의
강에 흐르는
꽃씨 하나 전한다.

1998년 4월 11일 시집발간 축사

야간작업(夜間作業)

모두가 잠든 밤을 비스듬히 눕혀 놓고
내 목숨 한 자락을 등불로 사르면서
눈 뜨고
지새는 밤은
바람마저 곱더라.

젊음의 넋두리가 보름달로 솟구쳐서
엉덩일 들썩이며 이일 저일 하다 보면
한밤내
쌓인 피로를
빗질하는 아침 해여.

1997년 3월 7일 「박안기교수 정년기념집」 18쪽

세계시인 낭송회 전야제

〈승무(僧舞)〉

범종이 울려오고 목탁소리 은은하다
무대의 학 한 마리 꿈틀꿈틀 날개 펴며
긴 목을 늘어뜨리며 사뿐사뿐 걷는다.

〈아쟁산조〉

아쟁 줄 톱질하자 애간장 녹아들고
단장이 끊어지듯 선율이 피어나니
시인의 심금을 시어 찾기 바쁘다.

〈사물놀이〉

꽹과리 장고 치고 북과 징이 어울리네.
한바탕 신명나면 어깨가 들썩이고
감정이 끓어오르며 신명나는 한마당.

1998년 7월 24일 세계시인 낭송 회 전야제 부산에서

■ 사물(四物)놀이란 걸립패의 꽹과리 · 징 · 장구 · 북을 가리킨다.

풍요(豐饒)로운 가을

들에는 황금물결 구비치듯 출렁대고
치악산 나뭇잎이 오색으로 물이 들어
때맞춰
격양가소리
바람결에 들린다.

넉넉한 마음 열어 치악(雉嶽)제에 모여들어
전통의 문화예술 한마당을 펼쳐놓고
낭랑한
목소리 풀어
가락으로 읊는다.

1997년 10월 6일 제16회 치악문화예술제 전국 시조백일장

대한민국(大韓民國) 50년

-제17회 치악문화제(雉岳文化祭)-

일제의 질곡(桎梏)에서 태어난 대한민국
허리끈 졸라매고 새마을로 이룬 보람
서울선
세계(世界)올림픽
큰 잔치도 열리고.

풀뿌리 잘 가꾸어 의식(意識)을 개혁(改革)하면
환란(換亂)을 극복하고 경제도 회복되어
남북(南北)이
손에 손잡고
선진조국 이루리.

1998년 10월 20 상록시조회편 제17회 치악문화재 백일장

바람의 힘 (1)

바람이 부는 날은 생각하여 볼일이다

몸통을 비틀면서 파도로 밀어내고
빼곡한 바닷물도 은근히 말려내며
불씨를 살려내어 인류에 공헌한다
심술이 발동하면 불씨도 죽이면서
나무도 뒤흔들고 낙엽도 떨구다가
가지를 꺾어내고 뿌리째 뽑아낸다
흙덩이를 망가뜨려 먼지로 날리다가
깊은 산 떠돌면서 우주가 호흡한다
자연법칙에 순응하면 천기를 호흡하고
관념으로 단전에 기를 돌려
정기신(精氣神)을 쌓아 놓면 신비의
꽃을 피워

인류의
행복을 위해
연구하여 볼일이다.

1998년 11월 30일 신서정 제21집 ≪웅비의 나래≫ 197쪽

농군의 하루

도회선 살 수 없어 시골로 귀향(歸鄕)하여
재 넘어 묵정밭을 일궈서 씨뿌리고
새참 때
웃는 모습이
풍요롭게 보인다.

이마에 열린 땀이 또르르 굴러내려
눈알을 꼬집혀서 두 눈이 희미해도
검게 탄
농부의 얼굴이
넉넉함이 보인다.

1998년 11월 30일 신서정 제21집 ≪웅비의 나래≫ 195쪽

위기 극복을 위한 기다림

세계화 물결이란 허구의 배를 띄워
외채를 꾸어다가 주인 몰래 흥청대다
국위를 하루아침에 시궁창에 처넣고.

정경이 유착되니 부정이 싹이 텄고
국민의 의식 앞에 불신의 씨를 키워
총체적 금융위기를 두 팔 벌려 맞았다.

한 발짝 물러서서 대화로 해결하고
규제의 보따리를 자율로 풀어주면
젖은 땅 물이 고이듯 우리경제 꽃핀다.

지구촌 넘나들며 지혜를 불러 모아
수출을 신장하면 경제도 되살아나
굴절된 중진국 문턱을 넘을 날도 오겠지.

1998년 11월 30일 신서정 제21집 ≪웅비의 나래≫ 194쪽

■ 1997년 12월 3일~2001년 8월 23일까지 대한민국의 IMF 구제 금융 요청은 국가 부도 위기에 대처한 IMF((International Monetary Fund)로부터 자금을 지원받는 양해각서를 체결한 사건.

아침이슬

하늘땅 쪼개느라 흘려낸 땀방울이
풀잎에 누웠다가 구슬로 여무는데
햇살이
불을 밝히자
오색빛깔 칠한다.

바람에 뒹굴다가 시어로 깨어나서
일상을 서정시로 물들여 엮어내고
끝자락
거꾸로 서서
시리도록 정겹다.

1999년 10월 23일 신서정 제22집 ≪지울 수 없는 이름≫ 132쪽

봄나들이

회기역 철로 가에 잠자던 개나리가
경적에 잠을 깨어 고개를 털더니만
신열에 파르르 떨다 초롱불을 밝힌다.

진달래 눈 비비며 기지개 켜더니만
감겼던 눈동자가 조금은 벙글더니
찬바람 외면한 채로 눈시울만 붉힌다.

무심한 전동차는 무시로 드나들며
기적을 울리면서 단잠을 깨우는데
목련은 털모자 벗어 바람결에 날린다.

건널목 신호등에 차단기 팔 뻗으며
간수의 깃발 따라 꼬마들 재잘대고
깡마른 수양버들이 도리질로 흔든다.

1999년 10월 23일 신서정 제22집 ≪지울 수 없는 이름≫ 139쪽

가산의 봉평 나들이

소금을 뿌린 듯한 메밀꽃이랑 길을
달님을 벗 삼아서 시 한수를 쓰다보면
봉평골
산허리에도
달무리가 떠있다.

청춘에 이승 떠나 저승길 들어가도
메밀꽃 향기 따라 봉평을 찾아와서
유년의
메밀 꽃길을
걷다가곤 하겠지.

캄캄한 밤이 되면 꽃바람 타고 와서
메밀꽃 끌어안고 입맞춤하다가도
첫닭이
홰를 칠 때면
파주 골이 바쁘다.

1999년 10월 23일 신서정 제22집 ≪지울 수 없는 이름≫ 142쪽

나목(裸木) (1)

엘니뇨 탓이런가. 오염에 찌듦인가
사계를 살아가며 때때옷도 입는다만
오늘은 벌거벗고서 까닥까닥 졸고 있다.

희뿌연 이른 새벽 가로등 불빛아래
누더기 걸친 나목 쪼그리고 앉아 울다
삭풍에 옷을 빼앗겨 오들오들 떨고 있다.

휘파람 소리 내던 한 설이 한눈팔고
앙상한 나뭇가지 기지개 키더니만
찢기고 터진 상처에 빨간 속살 돋우고.

마지막 꽃샘추위 봄비로 숨죽일 때
씨눈이 톡 터지며 꼬물꼬물 자라다가
새싹이 싹트기 전에 꽃망울이 터지네.

1999년 10월 31일 ≪詩人精神≫ 가을호 167쪽

■ 엘니뇨란 에스파냐 어로 남자아이 혹은 아기 예수를 뜻하는데, 적도 동태평양 한류 해역의 해수면 온도가 0.5℃ 이상 높은 상태가 5개월 이상 지속되는 현상을 의미한다.

봄비 (1)

빗방울 부슬부슬 대지를 두드리자
잠자던 나뭇가지 바스스 몸을 털고
기지개
쭉쭉 켜더니
눈망울도 터지고.

물망울 머금었던 씨눈이 자라나며
꽃망울 요염하게 잎망울 싱그럽게
환상의
더께를 벗고
화사하게 벙글면.

꽃잎에 달린 방울 오색을 뿜어내고
잎새를 도는 구슬 진주보다 투명한데
햇살은
별빛을 꽂아
부시도록 시린다.

1999년 10월 31일 ≪詩人精神≫ 가을호 169쪽

상사화(相思花)

약속된 임을 찾아 얼음땅 밀어 올려
초록색 여린 손을 합장하고 기다리다
빛바랜
방석을 깔고
꿈을 꾸려 잠든다.

임 떠난 그 자리를 찾아온 꽃대 위에
꽃 등잔 달아놓고 간장을 녹여내어
응어리 하나로 뭉쳐 육관화(六冠花)를 피운다.

사모한 임이면서 만날 수 없는 연인
가슴속 다 태우고 파김치로 드러누워
등 돌린
사랑의 꽃을
상사화라 부른다.

2000년 10월 28일 신서정 제23집 ≪붓대로 피운 꽃≫ 114쪽

■ 상사화(相思花) : 수선화과(水仙花科)의 관상용 여러해살이 풀. 남부와 중부지방의 산야에서 나는데, 화경(花莖)의 높이 60㎝로 여름에 담홍자색의 6관화(六冠花)가 핌. 잎이 시든 후에 줄기만이 새로 나와 꽃이 피기 때문에 꽃과 잎이 서로 등져 볼 수 없으므로 '이룰 수 없는 사랑'이란 꽃말이 있다.

능소화(凌霄花)

교목(喬木)의 척추골에 담쟁이 넝쿨처럼
힘차게 타고 올라 적황색 꽃불 밝혀
저 푸른
창공을 향해
힘찬 나팔 불었다.

해룡이 승천하듯 드높게 기어올라
요염한 몸놀림에 길손의 발목잡고
고개를
갸웃거리다
보조개를 짓는다.

나사를 조여 가듯 몸통을 비틀고서
한여름 그늘에서 호방하게 웃음 지며
벌 나비
초청해놓고
은근짜로 윙크한다.

2000년 10월 28일 신서정 제23집 ≪붓대로 피운 꽃≫ 115쪽

■ 능소화(凌霄花) : 능소화과의 낙엽 활엽 만목, 여름에 넓은 깔때기 모양의 황적색 꽃이 피고 과실은 길고 혁질임. 일명 금등화(金藤花) 또는 기생화(寄生花)라고도 함.

대밭에서

대나무 한들한들 훈풍이 찾아오면
온몸을 얼싸안고 얼굴도 비벼가며
온몸을 흔들어 주며 살랑살랑 춤추고.

만취한 죽 생원이 우로 좌로 흔들면서
앞뒤도 구별 못해 이리 치고 저리 받다
햇살에 눈이 부시어 댓잎 당겨 가린다.

해님이 웃으면서 바람 불러 다독이자
대나무 발을 세워 기지개를 활짝 펴고
올 곧은 지조지키며 고개만 끄덕인다.

■ 대나무는 대과에 딸린 식물을 통틀어 일컫는 말이다. 단단하게 나무질화한 줄기를 가진 여러해살이 식물이다. 줄기는 곧게 자라고 마디가 있으며, 속이 빈 상록수이다. 대나무는 불의에 굴하지 않고 선비의 푸르고 강한 기상과 군자의 고결한 품성이 있으며 사계절 올곧게 서서 굽히지 않고 옮겨 심으면 자라지 않는 대나무를 소나무, 국화, 연, 매화와 더불어 일품이라 한다.

구름(cloud)

먹구름 무게만큼 머리를 짓누르자
눈앞이 번쩍이고 하늘이 새고 있다
양동이
엎질러지자
개골창이 넘친다.

펼쳐진 화선지에 물방울 떨어지니
서서히 번지면서 산수화를 그리는데
백학이
날개를 펴자
홍학 쫓아 나른다.

2000년 9월 1일 ≪월간문학공간≫ 9월의 시조시 155쪽

파도(波濤)

파도가 잠을 깨자 갈매기 솟구치고
흰 거품 토하다가 안개 속을 헤치고
톱질한
오선지 위에
그려보는 소야곡.

백사장 모래톱에 발자국을 악보 삼아
연인을 앉혀놓고 건반을 두드리자
물결은
가락을 타고
오대양을 누빈다.

2000년 10월 28일 신서정 제23집 ≪붓대로 피운 꽃≫ 122쪽

선인취와형(仙人醉臥形)

-부안군 아산면 반암리 선인취와형을 망산하고-

선운사 계곡 따라 허리 끼고 올라가서
안산을 바라보니 주안상에 옥녀더라
신선은
술에 취해서
잔디 위에 누웠고.

질펀한 어육류가 소반 밑에 쌓여있고
엎어진 술병바위 선바위로 불 밝히고
밤새껏
마시고 보자
보름달이 질 때까지.

■ 선인취와형국의 주위에 선바위, 안장바위, 형제바위, 별바위, 탕건바위, 병풍바위, 사자바위, 병 바위, 소반바위 등 아홉 개의 상서로운 바위가 도열한 각종 혈자리엔 인촌 김성수 선생의 조모되는 영일정씨의 묘소가 있다고 한다. 4월 28일

두메산골 내 고향(고내곡)

동백의 미소

푸른색
치마폭에 꽃망울이 잠들고

눈비에 짓밟히고 삭풍에 시달려도

봄비가
눈을 녹이면
방긋방긋 웃는다.

길 가던
나그네의 발목을 잡는구나

앵두 같은 입술이며 난향 같은 은은함도

눈보라
그 추위만큼
빨간 얼굴 내민다.

2001년 10월 27일 신서정 제24집 ≪바람에 귀를 열고≫ 90쪽

두메산골 내 고향 고내곡

아이가 어른 되고
늙은이 만든 고향

풋풋한 산내음도 나비로 춤을 추고
어머님
가슴 속 같은
옛이야기 대목이다.

할배의 뒤를 따라
밭이랑 일구면서

감나무 접붙이고 대추나무 가지 치던
내 고향
노을이 곱다
연기 자락 물든다.

2001년 11월 20일 청운시문학 제6집「침묵의 강」53쪽

봄의 사연

앞마당
들어서며 서성대던 노총각
부엌을
엿보다가 규방을 노리다가

동정녀
목을 껴안고
입 맞추고 나간다.

추위를
쫓으려고 바둥치던 병아리
햇살에
눈이 시려 고개를 돌리는데

바람은
뺨을 때리고
동그라미 그린다.

2001년 10월 27일 신서정 제24집 ≪바람에 귀를 열고≫ 91쪽

천장비지(天藏秘地)의 조화(造化)

우윳빛 도포자락
바람에 펄럭이고

까악 깍 신호음에
까마귀 떼 날아들어

하늘이
땅에 숨겨놓은
그 자리를
맴돈다.

2001년 10월 27일 신서정 제24집 ≪바람에 귀를 열고≫ 92쪽

■ 신비한 천지조화로 하늘이 감추고 땅의 조화로 숨겨놓은 조그만 땅에 묻힐 수 있도록 자연이 배려해준 자리를 말한다. 인간이 자연에 순응하며 덕을 심고 쌓아 값어치 있는 인생을 열심히 산 인간에게 조그만 자리 하나를 배려해 주는 땅이다.

진달래꽃

고향땅 가고파서
밤새워 울던 두견

애간장 녹이다가 토해낸 각혈덩이
앞산을
온통 물들여
울긋불긋 칠한다.

고희의 자락 잡은
어릴 적 소꿉친구

여울을 뒤지다가 추억도 캐보다가
꽃송이
아름 꺾어다
어머님께 올린다.

2001년 10월 27일 신서정 제24집 ≪바람에 귀를 열고≫ 92쪽

일상(日常)

샛별이
불러내어 빗장을 열라 한다.

둔치는 날 부르고 한강물은 햇살을 맞아
남산 위
전망대 벽에
노란 물감 뿌린다.

하늘과
땅 사이로 여명(黎明)이 찾아온다.

하루와 싸우느라 피멍 든 몸을 접고
노을을
안주로 삼아
남은 여독 삭힌다.

2001년 10월 27일 신서정 제24집 ≪바람에 귀를 열고≫ 94쪽

치매(癡呆) (1)

억장이 무너진다 산자락이 무너진다
가슴팍을 짓누르는 아픔의 그 무게다
깨알로
가득 채워진
옛이야기 책이다.

예전의 그대로는 한 없이 엄하시고
눈동자 그 빛 속에 오늘을 사시는가
엊그제
오고 가시던
그 길목의 자유여.

포효의 그 기백은 먼 산의 메아린가
꿈속을 헤엄치며 초침만 읽어가고
회고의
잦은 발걸음
그 유년이 울고 있다.

2001년 11월 20일 청운시문학 제6집 ≪침묵의 강≫ 58쪽

치매(癡呆) (2)

평생의
삶의 애환

주름에 접어두고

엊그제
기억들은

먹구름이
가린 건가

천만근
그 무게만큼
아려오는 그 아픔.

2001년 12월 20일 통권 제5호 ≪문학서초≫ 60쪽

호드기

어머니
품에 안겨

꿈꾸던 고향 산천

백발에 젖어든다 추억도 익어간다

호드기
삐익 삐이익
그 소리가 흥겹다.

2001년 10월 27일 신서정 제24집 ≪바람에 귀를 열고≫ 96쪽

■ 호드기 : 봄철에 물오른 버드나무의 가지를 비틀어 뽑은 껍질이나 밀짚 토막으로 만든 피리. 강원도 사투리 바들 피리를 횟대기라 한다. 소리는 듣는 이의 입장에서 표현이 다르지만 삐익 삐이익 삐삐 등일 게다.

아카시아 꽃

뚝방길
지켜 서서

꽃송이도 터뜨리다가

여왕벌 호위하는
일벌이 무리지어

상큼한
향기를 풀어
가는 길손 세운다.

2001년 10월 27일 신서정 제24집 ≪바람에 귀를 열고≫ 97쪽

봄비 (2)

사르르
눈을 녹여

찌든 때 씻어내고

풀잎에 내려앉아

방울로 굴리다가

땅속을
촉촉이 적셔
파란 싹을 키운다.

2001년 10월 27일 신서정 제24집 ≪바람에 귀를 열고≫ 98쪽

꽃망울

옷 벗긴
가지 끝에

올몽졸몽 매달려서

남녘의 소식 듣고

튀어나온 눈퉁이를

바람에
뺨맞은 곳에
꽃 봉우리 터진다.

2001년 10월 27일 신서정 제24집 ≪바람에 귀를 열고≫ 99쪽

모과(木瓜)꽃

생살을 싹둑 잘라

포경을 잘라내듯

파랗게 질린 얼굴
두려움이 엿보이고

담홍색
꽃송이에는
고추자지 닮았다.

2001년 10월 27일 신서정 제24집 ≪바람에 귀를 열고≫ 100쪽

태백산의 영기

새벽 별 헤아리다 안개 터널 가르다가
흰 산을 돌고 돌아 올라본 장군봉은

옥양목
한 폭을 풀어
산허리를 감는다.

하얀 눈 밟으시며 내려온 한배검님
헐벗은 가지마다 수정 꽃 피어나고

천제단
그 틈새마다
고운 물감 뿌리네.

2001년 11월 20일 청운시문학 제6집 ≪침묵의 강≫ 50쪽

명경지수(明鏡止水)

반석(磐石)을 구르는 여울
옷소매를 붙잡는다

멈춰선 군상들을 초상화로 그리다가
부정한
얼굴만 골라
지우개로 뭉개고.

속세의 묵은 때도
문지르고 닦아주며

잡념도 허욕도 없는 깨끗한 마음처럼
고요한
맑은 물 위에
내 모습이 비친다.

2001년 11월 20일 청운시문학 제6집 ≪침묵의 강≫ 51쪽

허정불여(虛靜不如)

해와 달 끌어안고 굴려온 굴렁쇠다
한 삶의 뒤안길에 떨궈 놓은 길목에서
샛별로 앞을 밝히며 걸어온 길 캐본다.

꿈속의 별을 찾아 달려온 오늘이다
아버님 그림자로 한 발짝 다가서며
은하의 물길을 따라 조각배로 띄운다.

가문의 늪에 묻혀 숨쉬던 나날이다.
이마의 주름살도 머리의 서리꽃도
조상님 체취를 찾아 서책으로 엮는다.

세월을 곱씹으며 짚어보는 예순한 해
아둔한 머리 들고 문단에 이름 얹혀
묶어본 책 한 권의 무게 허정불여 그것이다.

2001년 11월 20일 청운시문학 제6집 ≪침묵의 강≫ 52쪽

■ 허정불여(虛靜不如) : 필자의 회갑문집으로 현대시조와 한시, 산문 몇 편을 모아 지상에 발표된 산문 등을 연보와 함께 엮은 책명이다.

소꿉친구

논두렁 달리다가 삘기도 뽑아 먹고
호드기 삘 릴리 삑 천렵 친구 소꿉친구
칠순의
자락을 잡고
너털웃음 펼친다.

둥지를 뒤질거나 때까치 울릴까나
호박에 말뚝 치고 고추밭을 뛰어가던
그 친구
걸음걸이가
황노인의 그 모습.

2001년 11월 20일 청운시문학 제6집 ≪침묵의 강≫ 54쪽

■ 황노인(黃老人) : 황노인은 내성적인 성격으로 혼자 있는 것을 좋아하면서 허례허식을 싫어하고 그냥 하루하루를 익숙해진 고독과 함께 살아가는 고집이 센 인물이다.

덩 · 꽃 덩(꽃가마)

꽃상여 가는 길에 발걸음이 무겁구나
요령이 가락이다. 회심곡이 흐느낀다
어머니
살아생전이
줄기줄기 흐른다.

뉘란들 알았으리 그 아픔 그 설움을
눈물로 얼룩지는 어머님 가시는 길
행여나
서두르실까
차근차근 가소서.

발길 드문 유택에서 편안히 잠드시고
가깝고도 아득한 자식들 가슴속에
발소리
지우신 채로
예전으로 옵소서.

2001년 11월 20일 청운시문학 제6집 ≪침묵의 강≫ 55쪽

■ 덩 : 예전에, 공주나 옹주가 타는 가마를 이르던 말. 꽃가마

할미꽃 (1)

몇 만년 꼬부랑길 돌아온 허리던가
지팡일 짚고 서서 무덤을 지키다가
아들 딸
찾아와 주면
그냥 웃음 벙그나.

어머님 젖 냄새가 코끝에 스며오면
그 넓은 가슴으로 맞아주는 저 할미꽃
손자놈
얼굴을 보면서
고개 들고 웃는가.

2001년 11월 20일 청운시문학 제6집 ≪침묵의 강≫ 56쪽

■ 할미꽃 : 미나리아재빗과에 속한 여러해살이풀. 높이는 15~30센티미터 정도이며, 온몸에 흰 털이 빽빽이 나 있고, 잎은 잎자루가 길고 다섯 개의 작은 잎으로 된 깃꼴 겹잎이다. 봄에 자줏빛 꽃이 꽃줄기 끝에서 밑을 향하여 피는데, 꽃이 진 뒤에 수술이 길게 꼬리 모양으로 자라고 촘촘하게 난 깃털이 할머니의 하얀 머리카락같이 보인다고 하여 할미꽃이라 한다. 학명은 Pulsatilla koreana이다.

다람쥐 쳇바퀴 도는 삶

천체는 억겁이나 미리내로 흘러가도
한사코 제자리만 지키려는 고집쟁이
내 삶의 굴렁쇠에다 차근차근 굴려왔다.

산천은 계절마다 깃털 가는 칠면조(七面鳥)
꼬까옷 바꿔가며 세상사 보듬을 제
내 삶은 무심(無心)의 강을 헤엄치며 걷는다.

청춘의 끓는 피가 이상향을 찾아갈 때
허리끈 졸라매고 뒤를 바짝 쫓으려고
내 살의 밝은 보름달 두둥실 떠 웃는다.

2011년 3월 10일 ≪한국시조 연간집≫ 151쪽

■ 은하수(銀河水)의 고유어는 미리내(龍川), 한자로는 은한(銀漢) 이라고도 한다. 지구에서 보이는 은하수의 모습은 은하의 나선 팔 중 하나에 있는 지구의 위치에서 볼 때, 은하수는 밤하늘에 천구를 아치형으로 가로지르는 흰 빛의 흐릿한 띠 모양으로 보인 다. 그 빛은 별과 은하면 안에 있는 다른 물질들로부터 유래한다.

꿈나무에 영근 열매

-만은 김종원 교장 정년퇴임에 부쳐

교계(敎戒)의 회초리가 풍상과 어울리고
세월의 무게만큼 홀로 걸은 스승의 길
거목의
가지끝에는
푸른 꿈이 영글고.

때로는 사자후(獅子吼)로 더러는 웃고 울며
박식(博識)한 경륜 펼쳐 배출해낸 영재들이
숲으로 이루어져서 향기가득 넘치리니.

고향에 돌아가면 오류(五柳)선생 본을 받아
지고온 위상일랑 봇짐속에 숨겨두고
시와 부(賦) 주고받으며 난초 밭을 가꾸오.

2011년 3월 10일 계간 ≪서울문학≫ 제13권 제48호 172쪽

■ 오류(五柳) 중국 진(晉)나라의 도연명(陶淵明)이 자기집에 버드나무 다섯 그루를 심어 놓고 스스로를 이르던 호(號)를 말한다. 그는 비록 가난한 생활을 하였으나 명리를 탐하지 아니하고 책읽기와 시짓기를 즐거워하면서 술을 좋아 하여 신선처럼 살다가 돌아간 신선같은 전원이다.

정월 대보름

〈달집태우기〉

보름달 건져다가 정화수를 밝히고
댓가지 높이 쌓아 달집도 태우면서
자식들 성공을 빌던 엄마 모습 보인다.

〈세시음식〉

오곡밥 오색 채를 나눠먹고 부럼 깨어
더위도 팔아보고 병균도 씻어내려
텁텁한 귀밝이술에 왕왕대는 보청기.

〈지신밟기〉

대문간 입춘축은 원하는 바 이룩되고
쥐불에 풍물놀이 삶 이웃이 어울려서
지신을 밟는 소리가 귓가에서 맴돈다.

2011년 3월 10일 계간 ≪서울문학≫ 제13권 제48호 173쪽

■ 달집은 음력 정월 보름날 달맞이하며 불을 붙여 밝게 하기 위하여 나무와 짚 따위를 묶어서 집채처럼 쌓아 만든 무더기다.

할미꽃 (2)

외진 무덤 언저리에
호롱불 달아놓고

할미는 옛이야기
해종일 풀고 감아

손자 놈
주먹 속에다
푸른 꿈을 전한다.

2015년 5월 26일 ≪시조문학≫ 통권 196호 여름호 177쪽

옛 생각

흰머리 깜박 잊고
유년으로 돌아가서

마루에 책보를 던지며
진흙 밭을 쏘다니던

털털이
개구쟁이가
철이 조금 난건가.

2015년 5월 26일 ≪시조문학≫ 통권 196호 여름호 177쪽

두루미

암컷이 논을 매면 수컷은 망을 보고
품새를 낮추다가 허리를 세우다가
푸른 꿈
날개를 펴고
하늘하늘 춤춘다.

허공을 돌다 땅을 보던 재두루미
무논에 앉았다가 이랑을 뒤지다가
미꾸리
부리로 낚아
성큼성큼 걷는다.

논두렁 거닐다가 목 늘려 응시하고
인적에 숨었다가 하늘높이 날다가
논둑을
거닐다가도
배필 찾아 떠난다.

2001년 11월 20일 청운시문학 제6집 ≪침묵의 강≫ 57쪽

목련꽃

잎사귀가
피기 전에

부리가
떨어지고

하얀 목
길게 늘인

소복의
여인인가

젖빛이
아릿하구나.
함박웃음 벙글대다.

2001년 11월 20일 청운시문학 제6집 ≪침묵의 강≫ 59쪽

수양버들(垂楊)

삭풍에 옷을 찢겨 알몸으로 자던 능수
미풍에 잠을 깨어 흔들흔들 춤추고
연둣빛
고운 눈으로
봄 냄새를 긋는가.

춘향이 예 왔구나 댕기 꼬리 흔들린다
봄바람 한들한들 머릿결이 찰랑찰랑
어젯밤
그 취흥이다
지르박에 감긴다.

2001년 11월 20일 청운시문학 제6집 ≪침묵의 강≫ 60쪽

■ 버드나뭇과에 속한 교목. 키는 20미터까지 자라고, 가지는 길게 밑으로 처지고, 잎은 어긋나고 피침 형이며 가장자리에 톱니가 있고 끝이 길게 뾰족하며 뒷면에 흰빛이 돈다. 암수 한 그루로 꽃은 봄에 잎과 함께 피고 미상(尾狀) 꽃차례로 길게 달리며, 학명은 Salix babylonica이다.

인수봉(仁壽峰)

칼바위 등에 올라 인수봉 당기는데
밧줄이 출렁이는 암벽을 기고 있다
저 사람
거꾸로 서서
하늘 동동 구른다.

소나무 스친 바람 바위도 때려보고
코끝에 걸리다가 재채기로 토하다가
인수봉
오르던 구름
빗방울로 적신다.

2001년 11월 20일 청운시문학 제6집 ≪침묵의 강≫ 61쪽

■ 서울특별시 도봉구(道峰區)에 있는 북한산(北漢山)의 한 봉우리. 백운대(白雲臺), 만경대(萬景臺)와 함께 예로부터 삼각산(三角山), 삼봉산(三峰山)이라 불리어 왔다. 화강암의 암벽이 노출된 경승으로 동쪽 산기슭에는 우이동(牛耳洞)이 있고 남동쪽 기슭에는 도선사(道詵寺)도 있어 등산객이 많다. 높이는 803미터이다.

도보 장수

하늘을 머리에 이고
한 평생을 경영타가

때로는 울고 웃다 더러는 멍청하게

참 삶의
옹달샘 앞을
서성대고 있구나.

2002년 10월 26일 신서정 제25집 ≪초록빛 서정≫ 56쪽

■ 도보장수 : 탈 것을 타지 않고 걸어 다니면서 이윤을 얻고자 물건을 파는 일을 업으로 하는 사람

이변(異變) (2)

태극의 전사들 앞에
무릎 꿇은 종주국들

포르투갈 이탈리아 스페인 독일까지

하나 된
시민의식에
온 우주가 끓는다.

2002년 10월 26일 신서정 제25집 ≪초록빛 서정≫ 57쪽」

■ 이변 : 전혀 예상치 못한 상태를 말한다. 그렇다 이번 월드컵에서 우리나라 선수들이 유럽의 강력한 우승 후보를 누르고 4강까지 오른 것은 이변(異變) 임에는 틀림없다.

해오름에서 해거름까지

섣달의 매화[歲暮寒梅]

섣달이라 눈꽃 속에 매화꽃도 터진다
처마 밑 고드름이 향기를 머금은 듯
훈훈한
기운을 만나
그 여린 낯에도 풍기고.

여인의 붉은 입술이 새봄을 희롱하고
눈 덮인 산마을에 깊숙이 숨어들어
한 떨기
서리꽃 피워
찬란하게 빛난다.

2001년 11월 20일 청운시문학 제6집 ≪침묵의 강≫ 63쪽

좋은 봄날에[芳春佳節]

강산은 그림이다. 푸른 적삼 걸쳤다
복숭아 노을 같아 저놈도 빨개지고
봄밤이
길어나 지면
개구리가 울어주고.

봄바람 멀리 간다. 편지 한 장 전해줄까
꽃잎도 어울린다 향기도 피어난다
너와 나
손을 잡았다
오늘이다 한소리.

2001년 11월 20일 청운시문학 제6집 ≪침묵의 강≫ 62쪽

그리움

무서리 찾아드니
낙엽향이(香餌)

황금색 편린(片鱗) 모아
임의 갑옷 지어놓고

아가씨
눈여겨보면
행복함이 보인다.

2005년 시조협 연간집 ≪장년기의 푸른 꿈≫ 110쪽

뿌리로 돌아가는 길(歸根)

홍도(紅桃)를 닮은 얼굴
시리도록 어여쁘고

실개천 웅덩이에
선혈이 흥건하게

어머니
심장소리를
엮어내고 싶구나.

2005년 시조협 연간집 ≪장년기의 푸른 꿈≫ 110쪽

비의 향연

하늘과
땅 사이에

빗줄기로
현을 걸어

굵은 줄
가는 줄이

얽히고
풀어지며

바람에
장단에 맞춰
공연장이 흥건하다.

2006년 10월 30일 신서정 제29집 ≪가던 길 잠시 멈추고≫ 219쪽

비 오는 날

환쟁이는
비를 보고

수채화를
그려내고

작곡가는
그 줄에다

악보를
적어본다

시인은
낚싯줄 던져
서정시나 쓰고 있다.

2006년 10월 30일 신서정 제29집 ≪가던 길 잠시 멈추고≫ 220쪽

삼복(三伏)

농부의
이마에는

구슬땀이
반짝이고

혀 빼문
삽사리는

배를 깔고
헐떡헐떡

녹 슬은
수도꼭지도
땀을 줄줄 흘리고.

2006년 10월 30일 신서정 제29집 ≪가던 길 잠시 멈추고≫ 221쪽

기다림

밀짚모자
치켜들자

번개 칼
번뜩이고

천지가
요동치며

우렁찬
울부짖음에

대문에
초점 맞추어
대청만 서성댄다.

2006년 10월 30일 신서정 제29집 ≪가던 길 잠시 멈추고≫ 222쪽

청운의 꿈

검용이
자맥질하다

용출수
토해낸 거

골 지천 구르다가
정강뼈 부러져도

유유히
자적하면서
꿈을 향해 걷는 거다.

2006년 10월 30일 신서정 제29집 ≪가던 길 잠시 멈추고≫ 223쪽

와불상(臥佛像)

이 저승
오고가며

방황하던
미륵불(彌勒佛)

모로 누워 실눈 뜨고
도솔왕생 꿈을 꾸나

용화수(龍華樹)
그늘에 앉을
법문(法文)한 줄 캐려고.

2006년 10월 30일 신서정 제29집 ≪가던 길 잠시 멈추고≫ 224쪽

가야금(伽倻琴)

한 아름 오동나무
가슴팍 깎고 파서

더러는 지지고 갈아 명주 실끈 세로로 매어

열두 줄
튕겨나 주면
희로애락 그 소리.

2006년 10월 30일 신서정 제29집 ≪가던 길 잠시 멈추고≫ 225쪽

건체강심(健體康心)

잠에서 깨어나면 기지개를 켜는 거다
온몸이 뻐근하면 단전이나 달구는 거다
샛별이 그림자 밟고 강변이나 걷는 거나.

2006년 10월 30일 신서정 제29집 ≪가던 길 잠시 멈추고≫ 226쪽

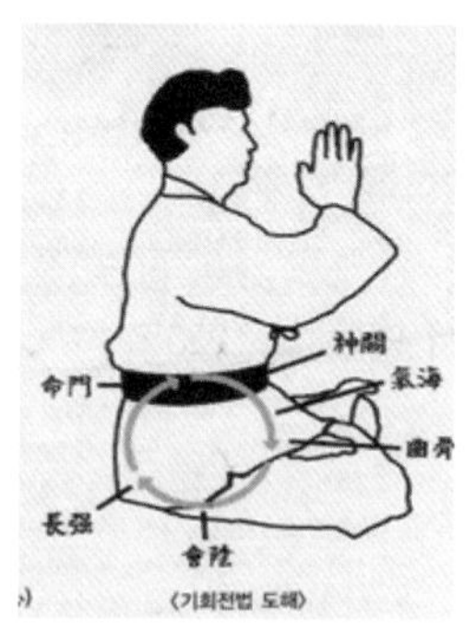

〈기회전법 도해〉

■ 기회전법(氣回轉法)은 내관수련(內觀修煉) 항문수축(肛門收縮) 기양생법(氣養生法)을 말하며, 기회전 요령은 ○ 흡식(吸息)-선도활법(仙道活法)-회음혈에 의식을 집중하고, 혀를 입천정에 가볍게 대며, 항문을 약간 닫아준다. ○ 지식(止息)-건체강심(健體康心)-상태에서 기를 회음(會陰)에서 장강(長强) 양관(陽關) 명문(命門)의 후단전으로 기를 돌릴 때 항문을 수축하면서 반원을 그려 1회전하고, 후단전(後丹田)에서 전단전(前丹田)으로 기를 돌릴 때 수축한 항문을 약간 풀어주며 신궐(神闕)에서 기해(氣海) 관원(關元) 회음(會陰)으로 돌린다. ○ 호식(呼息)-효천애교(孝踐愛橋)-혀는 입천정에서 침샘으로 내리면서 항문을 풀어준다. ○ 지식(止息)-일화창생(一和暢生)-의식은 회음혈에 혀는 침샘에 두고 항문은 완전히 풀어 준다. 기회전 속도는 건체(健體)에서 1회 강심(强心)에서 1회 모두 2회를 말아준다.

위에니라(颶風)

불청객
위에니라

남동쪽을
강타하여

국토를
유린하다

게릴라로
쏟아 부어

논과 밭
짓밟고 가면
억장이 무너진다.

2006년 10월 30일 신서정 제29집 ≪가던 길 잠시 멈추고≫ 227쪽

산책길

실바람
가지 끝에

초록빛깔
일렁이고

멍멍이
꼬리치며

아가 뒤만
촐랑촐랑

호숫가
원앙새 한 쌍
자맥질이 귀엽다.

2006년 10월 30일 신서정 제29집 ≪가던 길 잠시 멈추고≫ 228쪽

시간(時間)

간섭도
받지 않고

탐욕 따윈
아예 없고

공짜로
얻어지고
노력 없이
쓸 수 있어도

잘 쓰면
크나큰 보배
잘 못 쓰면 눈물샘.

2006년 10월 30일 신서정 제29집 ≪가던 길 잠시 멈추고≫ 229쪽

그리그(Edvard Hagerup Grieg)

영원한
방랑자가

고향에
찾아 들어

피아노 건반 위에
파도소리 얹어놓고

옛 애인
솔베이지의
품에 안겨 잠들다.

2006년 10월 30일 신서정 제29집 ≪가던 길 잠시 멈추고≫ 230쪽

■ 그리그(Edvard HagerupGrieg)
출생 : 1843년 6월 15일-1907년 9월 4일 사망
국적 : 노르웨이, 학력 : 라이프치히 국립음악대학교
직업 : 음악가, 1880년-1882년 베르겐 하모니언 오케스트라 지휘
대표곡 : 나비, 페르귄트, 솔베이지의추억, 피아노협주곡

이변(異變) (1)

60억 세계의 눈 한반도를 주시한다
5천년에 뿌리내린 의지의 젊은 축제
한강의 분수대에선 불꽃마저 튀고 있다.

16강 올라설 때 구장을 달군 열기
8강의 함성과 응원 사해로 흘러들고
오 필승 대-한 민국이 온 누리가 끓는다.

똑똑히 보았노라 역사적 4강 진출
한마음 붉은 악마들이 짝짝-짝짝짝
인류가 놀란 눈으로 태극기를 보고 있다.

2006년 10월 30일 신서정 제25집 ≪초록빛 서정≫ 54쪽

■ 2002년 6월 22일 23:54 광주 월드컵경기장에서 열린 2002 한일월드컵 한국-스페인 4강전 승부차기에서 황선홍, 박지성, 설기현에 이어, 홍명보가 마지막 다섯 번째 성공시켰다. 이운재가 스페인 4번째 키커 호아킨 산체스의 골을 선방하여 막아내었다.

돈네삽 수상마을 유감(캄보디아)

과거를 묻지 말라 미래도 헤이지 말라
주어진 운명을 좇아 만족하는 이 삶이다.
우리가
숨 쉬고 있는
이 순간을 이어갈 뿐.

유산도 필요 없다 희망은 없는 거다
물고기 구워 먹고 노래에 몸을 꼬며
오늘도
수상가옥은
술에 취해 휘청댄다.

2006년 10월 30일 신서정 제25집 ≪초록빛 서정≫ 55쪽

■ 지구상에서 제일 어렵게 살지만 행복지수는 세계제일이란다. 식수를 구입하여 마시거나 아니면 배설하고, 빨래하고, 버린 물을 다시 먹으며 화장실도 자가발전도 스스로 해결해야 한다. 10명의 아이 중 몇 명만 어른이 될 수 있으며. 초, 중, 고등학교도 있고, 철공소도, 파출소와 정원도 있어 없는 것 빼고 다 있단다. 그래도 아이들의 미소와 눈빛만큼은 순수하고 맑아서 희망이 보이기에 다행이다.

중환자실

약물에
취했어도
얼굴빛은 평화롭다

초침이
포효할 때
숨구멍도 터트리고

한 송이
벌레 먹은 장미
기지개도 펼친다.

2009년 10월 30일 신서정 제31 · 32집 ≪서정의 울림≫

꽃샘추위

감기에 기습당해
목 띠로 칭칭 감고

고운님 희야 얼굴 해오름 떠오르며
동파된
살구가지에
꽃망울이 터진다.

여보! 27동 앞에
살구꽃이 활짝 폈어

꽃샘이 맵다더니 뼛속까지 시리잖소
맵다던
고추당초는
인내로 참는다오.

2009년 4월 1일 ≪문학공간≫ 통권 233호 119쪽

해오름에서 해거름까지

해오름
수줍어서

소녀처럼
낯붉히고

짝 잃은 갈매기는
아쉬움을 달래고파

해거름
노을을 좇아
불사조로 나른다.

2009년 10월 30일 신서정 제31·32집 ≪서정의 울림≫ 157쪽

성모재(誠慕齋)를 보수(補修)하고

장인(匠人)의 손놀림에
흙이 되어 흩날리고

살결은 찢어져도 지조(志操)만은 끝내 지켜
동량은
기개를 세워
사연들을 줍고 있다.

앙상한 뼈대 위에
얽히고설키더니

바르고 덧칠하며 묵은 때를 말끔 씻고
찬연한
내력을 안은
현판(懸板)마저 찬연(燦然)다.

2010년 5월 26일 ≪시조문학≫ 통권 175호 121쪽

삼성산(三聖山) 자락에서

겨우내 발가벗고 신음하던 산자락에
선잠 깬 괴암괴석 이빨 세워 포효하고
등산객
허리 굽혀서
해치상(獬豸像)을 찾는다.

저마다 물을 올려 눈엽(嫩葉)들은 돋아나고
볼수록 짙어오는 청록의 저 몸짓들은
신들린
섭리의 붓이
그려가는 산수화다.

2010년 5월 26일 ≪시조문학≫ 통권 175호 122쪽

■ 광화문 좌우의 높은 대 위에 앉아 전방을 응시하는 해치(獬豸)의 늠름한 자태는 예나 지금이나 다름이 없다. 해치는 물을 좋아하기 때문에 화마(火魔)를 막아 준다고 하여 1394년(조선 태조3)에 한양으로 옮기면서 궁궐 주변에 해치상을 세웠다. 그 중 광화문 해치는 불기운이 강한 관악산을 마주 보는 경복궁을 화재로부터 보호하기 위해 미술대가 이세욱 장인이 1865년에 제작했다.

이사(移徙)

공기가 우선이냐
교통이 먼저더냐

머리를 동여매고 다투다가 얻은 결론
이상은
현실 앞에서
들 것인가 고개를.

자연에 안기고파
재각(齋閣)을 개축하고

한주(週)를 둘로 나눠 무지개를 세워본다
주중(週中)엔
도심에 살고
주말에는 재실(齋室)에서.

2010년 5월 26일 ≪시조문학≫ 통권 175호 123쪽

변신(變身)

옛날을 등에 업고
새롭게 출발했다

환경도 바꿔보고 둥지도 새로 틀고

시공(時空)을
넘나들면서
명당에서 살고 싶다.

빗장을 풀어놓고
문턱도 깎아내고

잊혀진 친구들도 하나 둘 찾아보고

못다 한
정을 나누며
훠이훠이 가고 싶다.

2010년 5월 26일 ≪시조문학≫ 통권 175호 124쪽

신춘소묘(新春素描)

바람에 귀를 열고
꽃 소식 기다리다

바라본 앞뒤 산엔 두견화가 방긋 웃고
벚나무
가지 끝에선
꽃망울이 돋는다.

얼음 풀린 골을 질러
흐르는 여울소리

실버들 우듬지엔 짙어오는 샛노란 빛
새봄은
숫처녀인가
싱그럽고 풋풋하다.

2010년 5월 26일 ≪시조문학≫ 통권 175호 120쪽

용문사 은행나무

화산서원(華山書院) －重建을 축하하며

미륵산 품에 안겨 넉넉한 화산서원
동녘의 아침 해가 편액을 희롱(戱弄)한다
오현(五賢)의
크나큰 덕(德)은
찬란(燦爛)하게 빛나고.

유학(儒學)의 큰 줄기가 미륵산에 잠들고
그 체취 아직도 남아 강당가득 그윽하다
단청(丹靑)은
오색구름을
아름답게 피우네.

2002년 10월 26일 신서정 25집 ≪초록빛 서정≫ 58쪽

■ 전라북도 익산시 금마면 신용리에 있다. 1657년(효종 8) 창건되었으며, 김장생의 위패를 모셨다. 1662년(현종 3) 사액서원이 되었다. 1695년(숙종 21) 송시열을 추가 배향했다. 1868년(고종 5) 서원철폐령으로 없어졌다가 1968년에 복원되면서 소두산(蘇斗山) · 소휘면(蘇輝冕) · 황자후(黃自厚)를 추가 배향했다

캄보디아 앙코르와트

정글 숲을 덜컹대며 먼지 길 달려가니
녹음은 무성하고 새들만 반겨준다
잠을 깬 앙코르사원 숨소리가 거칠다.

다섯 개 메루산이 해자(垓字)에 얼비치면
차가운 기둥 벽에 건국신화 숨어있고
그날의 크메르 역사 선보일 날 오겠지.

용맹한 칠두사(七頭蛇)의 혼불은 어데 가고
앙상한 뼈대만이 차가운 돌이 되어
상기도 꿈틀거릴 듯 용틀임을 하는 거.

목 잘린 원혼들이 천계를 방황하며
바람만이 윙윙대는 역사의 폐허 현장
미제의 불가사의가 깊은 잠을 자고 있다.

2002년 10월 26일 신서정 25집 ≪초록빛 서정≫ 59쪽

■ 앙코르와트는 사원의 도시라는 뜻인데, 9~15세기에 크메르제국의 수도로서 수리 아바르만 2세가 사후에 자신의 유해를 안치하고 상징적, 종교적으로 비슈누 신과 자신을 거대한 소우주의 건축물로 세웠다.

넋 나간 늙은 백곰

역사를 들춰봐도 이런 일은 없겠지
음흉한 계산 아래 양가죽 포장하고
민초(民草)는
잘 알고 있으며
모른 척할 뿐이다.

휘갱이 군단인가 발가벗고 칼 뽑아
백성의 뼈다귀도 난도질해 꿀꺽하곤
앞으론
없을 것이란다
왕왕대는 나팔 통.

2002년 10월 26일 신서정 25집 ≪초록빛 서정≫ 60쪽

고향의 소리

개구리 흥얼대다
동트면 잠에 들고
늙은이 헛기침에 삽살개 짖는 소리
자명종
눈금 당기며
불알 치기 바쁘다.

산짐승 울부짖음에 새벽이 빗장 연다
오뉴월 뙤약볕에 오곡백과 살이 찌고
농부의
넉넉한 얼굴에
주름살이 펴진다.

느닷없는 장대비에
대숲이 휘청대고
후두둑 서걱서걱 불난 집에 호떡 치듯
선잠 깬
참새 떼들도
비 피하기 바쁘다.

2002년 10월 26일 신서정 25집 ≪초록빛 서정≫ 61쪽

기도(祈禱)

먼동을 등에 업고 깔딱 고개 넘어 간다
새하얀 이불 안고 깊은 잠에 빠진 도봉
햇살에
눈을 비비며
인수봉이 눈을 뜬다.

새소리 길을 열고 발자국 표적 삼아
삼각산 바위틈에 정한수 떠올리고
양초에
촛불 밝히자
초승달이 반긴다.

소원문 읊조리며 명상에 취했는데
산새가 기척하며 속삭이는 귀엣말
삼각산
신령 오신다
끼룩끼룩 까르륵.

2002년 10월 26일 신서정 25집 ≪초록빛 서정≫ 62쪽

골프장

먼 남쪽 사이공은
하늘빛이 아름답다
높지도 낮지도 않게 잘 가꿔진 페어웨이
백구야
멀리 날아라
골프공에 박 터진다.

새파란 초원에선
신기루 피어나고
태양은 이글대며 살갗을 태우련만
돈내기
점수계산에
고드름이 돋는다.

2002년 10월 26일 신서정 25집 ≪초록빛 서정≫ 63쪽

못 믿을 약속

귓가에 쟁쟁하다
선서하던 그 음성이
새끼들 꿀꺽한 돈 호랑이에 떠넘기고
조련된
앵무새처럼
흰소리만 쳐보고.

부도덕 일삼으며
평화를 앞세우고
오물을 삼키고도 대가성이 없다 하던
그 약속
믿었던 내가
제일 못난 바보여.

2002년 10월 26일 신서정 25집 ≪초록빛 서정≫ 64쪽

용문사 은행나무

대웅전 문지기로
천년을 살아온 너

두고 떠난 의상 대사
돌아오길 기다리다
정삼품
영목이 되어
화두 하나 던지고.

부처와 마주앉아
선문답 주고받다

나라에 큰일 나면
소리 내어 울었던 너
이따금
불목한 이에게
은행알도 건넨다.

2003년 10월 11일 신서정 제26집 ≪바람의 노래≫ 28쪽

나목(裸木) (2)

그 곱던 꼬까옷도
혹한(酷寒)이 빼앗기고

가로등 불빛 아래 발가벗겨 윙윙 울다

남녘의
연인이 그리워
실눈 한번 떠본다.

2002년 12월 20일 ≪문학 서초≫ 통권 제6호 78쪽

해빙은 오는 건가

송악은 두 팔 벌려
어서 오라 유혹하고

무심한 산새들은
철책 선을 오가는데

나는 왜
전망대 뜰에
장승으로 서 있나.

상처 입은 철마 한 필 삭지 않은 아픔 안고
반백년 신음하다 기지개를 펴고 있다

유럽의
실크로드를
달려가는 꿈꾸며.

2003년 1월 15일 년간사화집 ≪시간에 관한 단상≫ 130쪽

진통(陣痛)

생명이 탄생하는
경이로운 현상이다

생살을 찢는 아픔 다독이던 고고성에
잠자던
개구리눈이
휘둥그레 커지고.

어둠을 깨우다가
찢겨진 방갓 틈에

두 손을 고이 모아 무병장수 비는 순간
힘껏 쥔
저 주먹 안엔
무슨 사연 있을까.

2003년 10월 11일 신서정 제26집 ≪바람의 노래≫ 27쪽

황석채 가는 길

산허리 휘어감아 빙글빙글 돌고 넘어
여울도 숨이 닳아 헐떡이며 구비치고
장량(張良)이
숨어 살았던
황석채가 보인다.

오뉴월 죽순처럼 임립한 오지봉은
천하의 요새답게 만 봉을 거느리고
얼굴을
보이기 싫어
안개 피워 가리다.

2003년 2월 22일 통권 146호 ≪시조문학≫ 124쪽

■ 황석채(黃石寨)는 중국 호남성 장가계 국가삼림공원 지역 해발1,048미터에 위치하고 있으며 진나라 장량이 시황제의 폭정에 반대하여 그를 시해하려다 실패하고 도망쳐서 숨어 살던 곳이다. 바로 천자산 아래로 무릉도원이 펼쳐지는 신비의 땅이다.

삼백회 기념논총 발간에 부쳐

삼백 날 쉬지 않고 새벽이슬 밟아 왔다.
인의예지 깃발 아래 한 알 두 알 주워 담아
황금빛
주머니 속을
가득 채운 논설집.

한 우물 퍼마시며 웃고 울던 명륜 뜰엔
초록색 은행잎새가 오늘 더욱 미쁘다
성균인
마스코트로
오대양을 누비리.

2003년 9월 3일 ≪조찬세미나 논설집≫ 16쪽

■ 성균관대학교SKKU(Sungkyunkwan University)-1398
경영대학원 총동문회 논설집

버들개지

빛바랜 가지 끝에 복슬이가 떨고 있다
봄바람 살랑살랑 속곳을 파고들자
목화를
한 움큼 쥐고
솜이불로 덮는다.

동파로 터진 살결 선홍색 멍이 들고
이슬로 내린 땀이 핏줄 따라 번지다가
생채기
딱지 사이로
어린 싹이 돋는다.

2003년 10월 11일 신서정 제26집 ≪바람의 노래≫ 32쪽

요즘의 매미

도회의 거리마다
색정 흘러 질펀하다

한 밤중 숲속에선
광란의 격한 무대

지친 몸
뒤척이다가
불면증만 깊어간다.

2003년 10월 11일 신서정 제26집 ≪바람의 노래≫ 33쪽

사부곡(思父曲) (2)

어버이 안 계시니 고아가 분명한 거
멍청히 하늘 바라 당신 모습 그려보다

무덤을
부둥켜안고
어깨죽지 들썩인다.

사방을 둘러보며 미친 듯이 불러본다
고막이 터져나듯 맹수가 포효하듯

깨어진
산 메아리로
되돌아와 가슴을 친다.

2004년 10월 23일 신서정 제27집 ≪바람의 노래≫ 34쪽

개 꿈

내 너를
따는 것이
유년의 꿈이었지

은하수에 쪽배 띄워
저 하늘 별 따는 거

이순을
넘긴 뒤에야
허상인 걸 알았다.

2005년 10월 22일 신서정 제28집 ≪소리의 그림자≫ 223쪽

무덤(松楸)

할배의
얼이 깃든

평온한 언덕 위에

피붙이 찾든 말든
말없이 누웠어도

후손들
가슴마다에
흘러넘칠 향기다.

2005년 10월 22일 신서정 제28집 ≪소리의 그림자≫ 224쪽

자귀나무 꽃

염천의
오솔길에
발길이 멈춰지고

산(傘)형의 꽃부리가
눈길을 앗아가고

백발의
끝부분에 핀
불꽃같은 자귀 꽃.

2005년 10월 22일 신서정 제28집 ≪소리의 그림자≫ 225쪽

수명 120세 시대

고요히 정(精)을 모아
물방울로 바위 뚫듯

하늘과 땅의 기운을 바람 섞어 운행하면

마음이
맑고 밝아서
백이십 년 사는 거.

2005년 10월 22일 신서정 제28집 ≪소리의 그림자≫ 226쪽

흥(興)타령

몇 순배(巡杯)
오고가며

해학이 걸어지면

이웃집 팔순이가
화두로 올라오고

주모의
궂노래소리에
들썩대는 어깨춤.

2005년 10월 22일 신서정 제28집 ≪소리의 그림자≫ 227쪽

매화(梅花)

섬진강
둔치에는

상춘객 출렁대고

벼루의 뚜껑에는
사계가 변함없이

청매의
맑은 향기가
방안 가득 흐른다.

2005년 10월 22일 신서정 제28집 ≪소리의 그림자≫ 228쪽

열린 정치

아침에 셋이더니
저녁이면 넷이란다

돈 먹고 죄를 덮고
퍼주기로 탕진하며

민초의
체증 하나도
풀어주지 못하는.

2005년 10월 22일 신서정 제28집 ≪소리의 그림자≫ 229쪽

목동(牧童)

고삐를 움켜쥐고
소등에 걸터앉아

논두렁 샛길 가며
소를 끌고 풀 뜯기다

석양이
붉게 물들면
향기 물씬 풍긴다.

2005년 10월 22일 신서정 제28집 ≪소리의 그림자≫ 230쪽

요지경(瑤池鏡)

양머리
걸어놓고

개고기 파는 세상

목수도 아니면서 깎아내고 덧칠하며

배꼽의
방울을 보고
삽살개가 웃는다.

2005년 10월 22일 신서정 재28집 ≪소리의 그림자≫ 231쪽

졸부(猝富)와 모리배(謀利輩)

졸부와 모리배는
사귀지 말라 하신

할배의 목소리가 귓가에 머무는데

상기도
권력 앞에서
아첨하는
군상들.

2005년 10월 22일 신서정 제28집 ≪소리의 그림자≫ 232쪽

- 졸부(猝富) : 갑작스럽게 부를 축적한 사람.
- 모리배(謀利輩) : 자기의 이익만을 꾀하는 무리

정치학 강의에 부쳐

도도히 흘러가는
세상의 물결이다

환경이 위협하고
양풍에 병들어도

나라가
바로 서려면
근본이 서야 한다.

관정파기(모내기)

서원(西原)의 망선루(望仙樓)

용두사(龍頭寺) 종이 울고 무심천이 불어나며
길 떠난 공민왕(恭愍王)의 넋이 된 두견새가
밤새워
토해낸 피로 상당산을 태운다.

홍건적(紅巾賊) 난을 피해 임시로 머물던 곳
평정을 경축하여 나부끼던 과방문(科榜文)에
백성들 환호(歡呼)소리가 서원 뜰을 넘친다,

옛날의 취경루가 오늘은 망선루(望仙樓)다
왜놈의 발길질에 숨을 죽여 방황하던
취경루
다락위에는 옛 바람이 머문다.

2003년 11월 30일 ≪망선루제영≫ 89쪽

■ 1361년 공민왕(10년)이 홍건적의 난을 피하여 복주(안동) 일대로 파천하였다가 개경으로 돌아가는 길에 이곳에 잠시 머물러 있으면서 문과(文科)와 감시(監試)실을 치르고 방(榜)을 취경루에 붙였다고 한다.

남산골딸깍발이 샌님

목멱산 한옥마을 사랑에 모여앉아
시조창 한가락에 덕담이 오갈 적에
문밖엔
딸깍발이 샌님
우두커니 서 있다.

정원의 매화나무 새봄의 눈이 트고
화롯불 둘러앉아 한수 지어 낭송하니
온 세상
흰 눈이 와서
소복소복 앉는다.

1999년 8월 31일 ≪시조정신≫ 168쪽

■ 남산골딸깍발이 샌님 : 가난하면서도 자존심이 강한 선비를 놀림조로 이르는 말

밤꽃(栗花)

우산을 받쳐 들고 햇빛을 가리는 듯
산자락 언덕 넘어 속살을 훔쳐보던
청상은
밤꽃향기에
가던 걸음 멈추고.

달빛에 우뚝 솟은 순백의 수꽃 정향(精香)
바람에 날아들어 호기심을 자극하고
비릿한
정액냄새가
콧잔등을 긁는다.

1999년 9월 1일 ≪현대시조≫ 58쪽

■ 밤나무(Castanea crenata)는 한반도와 일본이 원산인, 참나무과의 낙엽 교목이다. 꽃은 옅은 노란색을 띠며, 6~7월 무렵에 정액이나 락스와 비슷하게 구성된 독특한 냄새를 풍기는데, 밤꽃에는 정액에 포함된 스퍼미딘과 스퍼민이 포함되어 있기에 이와 비슷한 냄새가 난다. 암꽃과 수꽃이 길다란 미상꽃차례에 무리지어 핀다. 암꽃은 꽃차례 아래꽃에 달리며, 수꽃은 꽃차례 위쪽에 달린다.

월드컵 축구 팔강에 진출하다

동강난 한반도에 세계 이목 모여 들자
축제의 붉은 물결 불꽃 되어 타 오른다
해냈다
16강 신화
가슴속을 태운다.

태극의 전사들이 유럽을 유린하고
포르투갈 이탈리아 스페인 독일까지
하나 된
대한민국에
전 세계가 끓는다.

신화의 불덩이로 8강 넘고 4강 태워
활화산 폭발하듯 골문을 찢는 순간
거리가
휘청거린다.
응어리가 녹는다.

칭송은 금성(錦城)골에 파다하고

세월은 덧없어도 청운의 꿈은 영글어
정보 산업 이끌어갈 동량들을 가르치다
예순 해
넘어온 보람 영롱하게 빛나네.

불암산 기운 받아 금성골에 태어나서
한국의 금융거래 정보화로 이끈 공적
온 국민
칭송소리로
금강뚝이 넘친다.

광교산 자락 위로 노을빛이 스며들 때
뒤꼍의 발자국과 내 안의 먼지까지
옥고를
책으로 엮어 무지개로 세운다.

■ 2002년 성대경영대학원 동문 조이남 박사의 화갑기념문집 출판에 한시 한 수와 현대시조 세 수를 지어 축하하였다.

화산서원 중건을 축하하며

彌勒山 품 자락에 凜凜한 華山書院
黎明의 한 가닥이 偏額을 응시하면
선현의
헛기침소리가
서원 뜰을 깨운다.

儒學의 한줄기가 龍華山에 머물러서
先聖賢 남은 體臭 講堂에 가득하고
후학들
숭모의 정성
오래도록 이으리.

■ 2002년 3월 11일 화산서원중건 축하 한시 지상 백일장에 보내고, 아울러 시은 소병창 사백에게 서신과 함께 현대시조 두 수를 보내다.

배롱나무(百日紅)

석 달 열흘 끈기로 닦은
풍아(風雅)도 제법인데

등줄기 긁을 때면 시원하다 몸을 꼬고
홍자색(紅紫色)
짙은 암향(暗香)에
휘청대는 잠자리.

삼복의 고개를 넘다
팔다리는 각이 서고

누더기 벗어지면 알록달록 매끄럽다
새하얀
비단 폭에 핀
주름살도 귀엽다.

2006년 12월 30일 시협 연간집 ≪삼천의 꽃 나울≫ 109쪽

갈구(渴求)

바람은 가벼운데
마음만은 천근이다

병마에 진이 빠진 아내 모습 애잔해도
산 내음
향기로 피워
방안 가득 넘칠 때.

먹구름 찾아와서
맹종 죽을 구(求)하란다

암 덩이 벗을 삼아 울고 웃는 오늘하루
조화옹
재주를 부려
죽순 하나 돋우기를.

2008년 12월 시조협 연간집 ≪대숲의 노래≫ 103쪽

촛불의 눈물

광화문 네거리가
방황하듯 휘청이고

신록은 향기 뿜어 민심을 다독이고

촛불은
제 몸을 살라
톰방톰방 떨군다.

2008년 8월 25일 ≪시조문학≫ 통권 168호 68쪽

중용(中庸)

앙증한 주먹 안에
큰 뜻을 쥐고나와

올곧고 묵묵하게
텃밭을 일구다가

소담한
떡잎 하나에
허리 한번 펴본다.

■ 이 책은 사서(四書)의 하나로, 공자의 손자인 자사(子思)가 지었다고 하며, 중용의 덕과 인간의 본성인 성(誠)에 관한 내용이 담겨있는 중국 유교(儒敎)의 경전이다.
넘치거나 부족함이 없이 떳떳하며 한쪽으로 치우침이 없는 상태나 정도를 일컬으며 동양철학의 기본개념으로 서사서의 하나인 ≪중용≫에서 말하는 도덕론이다.
고대 그리스의 철학자(BC384~BC322)의 철학자 아리스토텔레스(Aristoteles)의 덕론의 중심개념이기도 하다. 플라톤으로부터 가르침을 받았으며, 페리파토스학파를 창시하였다.

깨달음 (1)

태양은 누구라도
차별 없이 보듬어

땅속의 미물이나
지상의 통치자도

마음껏
지혜의 별을
따가도록 허한다.

■ 이 책은 사서(四書)의 하나로, 공자의 손자인 자사(子思)가 지었다고 하며, 중용의 덕과 인간의 본성인 성(誠)에 관한 내용이 담겨있는 중국 유교(儒教)의 경전이다.
넘치거나 부족함이 없이 떳떳하며 한쪽으로 치우침이 없는 상태나 정도를 일컬으며 동양철학의 기본개념으로 서사서의 하나인 ≪중용≫에서 말하는 도덕론이다.
고대 그리스의 철학자(BC384~BC322)의 철학자 아리스토텔레스(Aristoteles)의 덕론의 중심개념이기도 하다. 플라톤으로부터 가르침을 받았으며, 페리파토스학파를 창시하였다.

깨달음 (2)

머리로 하늘이고
뜻한 바 경영하다

때로는 중정(中正)을 얻고
더러는 성심(誠心)을 다해

옹달샘
맑은 물속에
닮은꼴을 보는 거.

새벽 성묘길

사모의 꿈도 깨고 여명을 앞둔 시각
머리전등 불 밝히며 성묘하러 가는 길
낙엽에 앉은 서릿발 별빛 되어 밝힌다.

지팡이 숲을 헤치며 산길을 오르다가
바람에 귀를 열고 주위를 돌아 볼 때
선잠 깬 아기 토끼가 무덤 앞을 지키고.

묘소에 꿇어 앉아 문안을 여쭌 다음
가볍게 몸을 풀고 용마십세 수련하니
아침 놀 수(繡)를 놓으며 산등성을 넘는다.

2012년 04월 01일 ≪월간문학≫ 84쪽

■ 용마십세(龍馬十勢) : 외공수련을 하기 전에 필수적으로 수련해야 하는 내공 수련법으로 10가지 동작을 수련함에 있어서 마음을 통일시켜 단전에 기를 축기하는 연단법(煉丹法)이다. 용마자세(龍馬姿勢)로서서 포항세(抱缸勢), 쌍장세(雙掌勢), 좌곡장세(左曲掌勢), 우곡장세(右曲掌勢), 후장악세(後掌握勢), 상장세(上掌勢), 하장세(下掌勢), 수평장세(水平掌勢), 통천세(通天勢), 단전정세(丹田正勢)의 10가지의 연단행공(煉丹行功)을 수련(修煉)하는 동작(動作)을 말한다.

눈(雪)

누군가 밤을 새워
오물을 치운 건가

먼동은 아직 인데
물꽃처럼 영롱해

앞산은
설월화(雪月花)피워
서기 가득 맴도네.

관세정(觀世亭)

송죽(松竹)이 드리워진
산기슭 정자에는

바람이 풀어놓은 옛 숨결 그윽하고

산새는
묵객으로 앉아
시어들을 쪼고 있다.

2016년 5월 30일 ≪시조문학≫ 통권 199호 274쪽

모정(慕情)

들꽃이 흐드러진
내 고향 언덕 빼기

향긋한 풋 내음이 콧등을 간질이면

스미는
어머님 체취
서럽도록 겹습니다.

2016년 5월 30일 ≪시조문학≫ 통권 199호 274쪽

무성(無聲)의 절규(絕叫)

하늘아 씻어주렴
내 몸 속의 침입자를

허공을 틀어쥐고 이승을 넘나들며

천애(天涯)의
벼랑을 딛고
미소 짓는 장미꽃.

2008년 8월 25일 ≪시조문학≫ 통권 168호 67쪽

솔숲에서

금가루 흩뿌리듯
송홧가루 날리던 날

탐스런 송순(松筍) 꺾어 살며시 쥐어주면
그 눈빛
은근한 모습
꿈길처럼 다가선다.

해마다 봄이 오면
덩달아 싹이 트는

아쉬운 길로 자라 짙어가는 옛 생각을
노송은
송실을 어루만지며
고개만 끄덕인다.

2016년 5월 30일 ≪시조문학≫ 통권 199호 275쪽

관정파기(모내기)

개천도 가뭄 만나 맨살을 드러내고
논바닥 찢어지자 가슴마저 아려와
어드메
음습지(陰濕地) 있어
수런수런 흐르고.

수멍 통 논배미가 먼지만 푸석이는
참담한 형벌의 땅에 볏모를 심으려
생명줄
이어가야 할
물줄기야 솟아라.

2017년 7월 27일 《월간문학》 통권 제277호 142쪽

■ 올해 가뭄은 내가 태어나서 처음으로 마음 고생을 많이 했던 한해가 아닌가 싶다. 모내기를 못하고 있다가 하지를 앞두고 관정을 파서 모내기나 하자는 심정으로 소형관정을 파기로 하였다.

우리가락

청천(晴天)은 구름 불러 날줄로 늘여놓고
강산은 산들바람 씨줄로 엮고 있다
시절은
흥을 불러와
온 누리에 살랑이고.

가락을 탄 춤사위에 만상이 우줄대고
백학(白鶴)도 외다리로 물방울을 굴러대면
세월이
흐르는 소리
낙숫물로 듣는다.

■ 비오는 날 오후에 거실에 앉아 창밖을 주룩주룩 내리는 장대비의 모습이 허공에 날(經)을 늘어놓고 있었다. 때마침 바람이 불어 몸을 좌우로 움직이는 모습이 마치 북이 왔다 갔다 하면서 씨(緯)을 걸고 있는 것 같기도 하고, 옛 선현들이 가야금이나 거문고를 빌어 벗을 기다리는 마음을 표현했듯이 우리의 가락을 떠올려 본다.

대나무 개화병(開化病)

소뿔 닮은 갑옷을 입고 나온 죽피는
열흘에 모두자라 백여 년을 곧게 살아
훈련소
깃대로 서서
장병들을 보듬네.

푸르른 줄기와 잎 선비의 상징인데
적막한 마디마다 출렁이는 저 사연
오홉다
애통 하여라
꽃피우고 떠난 너.

■ 유년의 꿈나무이자 내가 아끼던 왕대를 1955년 11월 어느 날 밤에 도난당했다. 훈련소 훈련병들에 의해 잘려 없어져 내 마음이 아파 울기도 하였다.
아버님께서 진노하셔서 수소문 끝에 범인은 육군훈련소의 훈련병이라는 사실을 알고 참모장을 찾아 따지다가 오히려 설득의 말에 화를 푸시고 참모장의 안내로 연병장 앞 중앙에 깃대로 세워져 늠름한 위용을 보시고 아버지 껄껄 웃으시며 화를 풀고 돌아 오셔서 나의 손을 잡고 위로해 주시던 생각이 스친다.
그 후로는 우리 대밭에서 깃대 같은 큰 왕대는 보이지 않는다.

훈민정음(訓民正音) 해례본을 읽고

세종은 백성의 뜻 하늘처럼 헤아리고
백성은 임금의 뜻 우러러 받들어서
창제된
스물여덟 자
만 가슴을 뚫었네.

자연의 섭리처럼 생활 속에 녹아들고
세계가 인정하는 과학적 졍음해례
인류의
문자생활에
꼭 필요한 저작물.

세인의 희로애락 낱낱이 들어내며
성수에 부합되는 빼어난 글 만들어
한글은
우리네 마음
비쳐주는 반사경.

■ 원래 훈민정음[백성(民)을 가르치는(訓) 바른(正) 소리(音)]이 반포되던 당시에는 모음(母音)에선 'ㆍ'(아래아) 1개, 자음(子音)에선 'ㆁ'(옛이응), 'ㆆ'(여린히읗), 'ㅿ'(반치음) 3개가 없어졌다.

鄕愁를 꽃 피운 敍情

一常 金光洙

황곡 박영록(煌谷 朴永祿) 시인이 상재하는 이 작품집 원고를 감상하면서 가장 먼저 느끼게 된 것은 그가 우리의 전통과 관습을 중시하며 동양적인 정서를 풍부하게 지니고 있다는 사실이라 하겠다. 그가 취한 시의 소재에 적지 아니 윤리적 가치관이 내재되어 있고, 화자의 사상과 의식 또한 전래의 도덕규범과 윤리의식 등 그러한 개념이 내포되어 있음에서다.

다시 말해서 대부분의 작품에는 자신의 이상이기도 한 윤리적 인생관과 생활철학이 스며 있고 삶을 경영하는 실제 생활에 있어서도 이러한 가치관은 자신이 지향하는 운명의 길잡이로 또는 자아실현의 목표로 설정되어 있다고 보아진다.

문학을 비롯하여 어떤 예술작품을 막론하고 창작의 결과물은 창작주체가 지닌 가치관에 의하여 이루어진다고 할 것이다. 따라서 시인이 혼신을 다해 빚은 작품은 창작주체의 정신세계를 지배하고 있는 사상이나 인생관에서 파생된 심혼의 응결체라고 볼 때 박영록 시인의 작품 역시 자아의식과 관념을 시조라는 문형(文型)의 운율에 용해시킨 심혼의 결정체임은 두말 할 나위가 없다.

흔히 새로움을 추구하며 우리의 전통적인 관습이나 정서를 현실과 유리(遊離)된 먼 옛날의 골동품처럼 치부하는 경향이 없지 않으나 우리 민족의 전통과 관습이 체질화 된 박영록 시인의 인식은 어디까지나 그러한 경향과는 거리를 둔 채 시조만이 지닌 형태와 운율에 개인의 감정이나 정서를 담아 본래의 품격을 고수하며 함축적인 의미를 소박하고 진실하게 창출하고 있음을 작품들에서 느끼게 된다.

물론 그러한 성향은 3장 6구 12음보라는 형식 자체가 자신의 취향에 알맞아 선호하는 문학 형태이기도 하겠지만 그가 지닌 의식의 저변에 적지 아니 흐르고 있는 동양적 사유와 자연친화 정신 같은 것을 담아내기에 적절하기 때문이라 여겨진다.

성태봉 올라서서
남모르게 슬쩍 따다

시렁에 달아두고 놓고 책을 읽던 내 유년엔

정한수

주발에 내려
옥토끼가 노닐던 거.

동구 밖 쏘다니다
허기진 배를 쥐고

우물물 퍼마시다 놓아 둔 그 조롱박

이 밤엔
시린 가지 끝
동그마니 앉았네.

—「보름달」 전문

인용한 작품에 투영된 화자의 심적 현상에는 전설적인 요소가 다분히 내재되어 있으며 거기 담긴 상징적 의미는 당시의 상황을 넉넉히 유추케 한다. 첫 수 종장에서 "정한수/주발에 내려/옥토끼가 노닐던 거"라고 한 화자의 관념은 달에 계수나무가 있고 옥토끼가 방아를 찧는다는 전설에 밀착되어 있다. 대상을 이미지화하기 보다는 회화적인 수법으로 묘사하고 있는데 "성태봉 올라가서 남모르게 슬쩍 따다 시렁에 달아두고 책을" 읽었다는 표현 또한 구체적인 사실을 재생하기보다는 추상적인 관념을 미화한 상징적 표현이다.

도회나 시골을 막론하고 문명의 혜택을 골고루 누리지 못했던 시절엔 지금처럼 환한 전깃불을 밝혀 놓고 책을 읽는다는 건 꿈속에서나 가능한 일이었다. 화자는 차가운 밤하늘에 떠 있는 대보름달을 바라보면서 이른바 쟁반 같은 형태의 이미지나 교교한 달빛을 완상하는 것이 아니라 부지런한 노력과 끈기로 초지일관하여 꿈을 실현하였다는 고사를 인유하여 그와 비등(比等)한 자신의 옛 생활상을 고요히 뒤돌아보고 있다.

이런 측면에서 보면 첫 수는 형설지공(螢雪之功)을 연상한데서 비롯된 사념의 발로라 하겠다. 형설지공은 중국 진나라 차윤과 손강의 고사에서 유래하는데 차윤(車胤)은 반딧불을 모아 그 불빛에 글을 읽고, 손강(孫康)은 가난하여 겨울밤에 눈빛[雪光]을 이용하여 글을 읽어 성공하였다는 설에 기인한다.

오늘날 대도시는 물론 농어촌, 심지어 먼 바다 한 가운데의 조그마한 섬이나 궁벽한 산골짜기의 외딴 집에서도 전기를 마음대로 이용하며 문명의 혜택을 누리고 있지만 6.25 전쟁 이후 새마을 사업이 무르익기 전까지는 밤에 시커먼 그을음을 내뿜는 관솔불이나 희미한 등잔불에 의존하여 공부를 할 수밖에 없었던 것이다. 등잔불을 밝혀 놓고 머리카락을 태워가며 공부했던 당시의 생활을 경험한 이들은 다 알고 있을 터이지만 화자는 어릴 적 열악했던 자신의 공부 환경을 새삼 되새기고 있는 것이다.

둘째 수에서는 가난을 숙명처럼 여기고 살았던 부모의 손에 자라난 자신의 생활상을 함축하여 저리도록 아픈 회상을 펼쳐 보이고 있다. 따라서 화자는 둥그런 대보름달을 "허기진 배를 쥐고//우물물 퍼 마시다 놓고 잊은 그 조롱박"으로 인식하고 삶에 이끌려 더러는 잊고 살았던 옛 일들이 되살아나 그때 우물의 찬물로 허기를 때우던 조롱박이 오늘밤엔 잎을 다 지운 나목의 "시린 가지 끝에 동그마니 걸려

있네" 라고 단정하기에 이른다.

잎이 무성한 나무가 아니라 하필 '시린 가지 끝에 걸려 있다'고 한 것은 그날의 궁색하고 고달팠던 생활상을 상징한 것이다. 인유한 작품들에서 알 수 있듯이 화자는 지극히 한국적인 정서로 사사로운 경험에서 파생된 자신의 관념을 주관적인 수법으로 표현하여 순수한 서정의 꽃을 피우고 있다.

장부(腸腑)를 떼어 내어 항암제로 덧칠하고
십년만 더 살자며 희망을 잃지 않던
아내의
기도소리가
귓전에서 맴돈다.

—「아내의 암 투병기」 첫 수

병고에 시달리며 그 고통스러운 항암치료를 받으면서도 살고 싶은 욕망을 버리지 않고 기도하던 아내의 목소리가 귓전에 울리는 환청을 들으며 아내에 대한 애절한 그리움이 가슴을 찡하게 울린다. 남녀를 불문하고 한 세상 살아가면서 비록 남들이 선망할 정도로 복락을 누리지는 못할지라도 앞길이 창창한 나이에 반려를 잃는 슬픔이나 고통은 당하지 말아야 할 것이다. 그러나 한 치 앞도 알 수가 없는 것이 인간의 삶이며 불의에 닥치는 불운을 피할 수 없음도 타고난 인간의 숙명이니 어찌할 수 있겠는가. 다음 작품에서는 아내를 그리는 애절한 심정이 자자구구에 넘치고 있어 읽는 사람의 가슴도 깊은 감상(感傷)에 젖어들지 않을 수가 없다.

지난밤 요동치던 비바람은 잠에 들고
단풍은 제멋대로 산과 들을 태우며
초롱꽃
불빛에 안겨
고이 잠든 임이여.

봄이면 화사하게 가을에는 우아하게
희망은 바람 일어 석양에 불 댕겨도
외로움
가슴속까지
시리도록 커진다.

꽃구경 못했으니 단풍 구경 떠나자며
보채던 반쪽 임은 무덤에 먼저 가서
할미꽃
씨 한 톨 쥐고
버선발로 떠났네.

—「가을에 떠난 임」 전문

제목이 제시하는 바와 같이 사랑하는 아내를 영영 돌아오지 못할 먼 곳으로 떠나보낸 애달픔을 노래하고 있다. 옛날 어떤 이는 아내 잃은 슬픔을 어쩌지 못하여 동이를 두드리며 노래를 불렀다는 설이 있지만 화자는 백년을 함께하자고 굳게 맹서했던 반려가 뜻하지 않은 병고로 먼저 세상을 떠나자 임에 대한 그리움을 이토록 애절한 목소리에 싣고 있는 것이다.

"지난 밤 요동치던 비바람은 잠이 들고"는 세상을 하직하던 그날 밤 휘몰아치던 비바람과도 같이 고통과 신음으로 몸부림치다 임종을 맞이한 상황을 비유한 것이다. 때는 만산에 단풍이 붉게 물든 가을이었다. 둘째 수에서는 날이 갈수록 새록새록 되살아나는 임과의 지난날을 회상하고 있다. 봄, 가을 등 계절이 바뀔 때마다 더욱 더 임 생각이 간절하여 "외로움/가슴속까지/ 시리도록 커진다."고 깊은 고독감을 나타내고 있으며, 셋째 수 역시 임이 생전에 하던 말을 생생하게 기억하며 "꽃구경 못했으니/단풍구경 떠나자며//보채던 그 말마저 빈방에 놓아 둔 채//할미꽃 씨 한 톨 쥐고/버선발로 떠났네."라며 겹도록 그립고 아쉬운 정을 나타내고 있다. "버선발로 떠났네."라는 말은 무엇이 얼마나 급했기에 다시는 못 올 길을 그토록 서둘러 떠났느냐는 원망과 야속한 심경을 상징적으로 비유한 것이다.

"고향생각"이라는 작품 또한 그 사실을 여실히 보여주고 있는 것이다.

> 가끔은 꿈을 꾸며 고향을 찾곤 하지
> 풋풋한 향내음이 뒤를 쫓던 종달새
> 공중을 날아오르며 한가롭게 노닌다.
>
> 산과 들 쏘다니며 진종일 헤매다가
> 덤불에 숨겨놓은 꿩 새끼가 보고파
> 풀섶을 헤집어보니 주둥이를 내밀고.
>
> 할배의 손에 끌려 감나무 접붙이며

왼손에 책을 들고 한 손은 쇠고삐 쥐며
굴뚝에 연기 오르면 소를 몰고 귀가한다.

할머님 들려주던 구수한 옛이야기
피로가 몰려와서 쪼그리고 잠들면
어머니
가슴냄새가
코끝에서 맴돈다.

―「고향생각」 전문

인용한 작품에 펼쳐진 상황들은 농촌에서 자란 이들의 기억 속에 남아 있는 고향의 모습 바로 그것이라 하겠다. “풋풋한 향내”, “종달새”, “덤불”, “꿩 새끼”, “감나무”, “소”, “굴뚝” 등의 이미지가 선명하게 고향의 정경을 재현해 놓았기 때문이다.

화자는 이따금씩 “꿈을 꾸며 고향을 찾곤” 하는데 생시에도 꿈에서처럼 텃밭이나 산비탈에 절로 난 나물 등 푸성귀 향내를 맡으며 종달새를 찾아다니던 어린 시절이 눈에 훤히 비쳐지고 있음을 첫 수에서 진술하였다.

둘째 수에서는 동무들과 뒷동산을 다람쥐처럼 주름잡으며 뛰놀던 때 “숨겨놓은 꿩 새끼가 보고파” 몰래몰래 살펴보던 그날들을 회상하며 그 시절에 함께 놀던 개구쟁이 동무들을 떠올린다.

셋째 수에서는 “할배의 손에 끌려 감나무 접 붙이던” 일과 소를 몰고 들이나 산으로 가서 풀을 뜯기던 일, 저녁노을이 질 때 집집마다 굴뚝에서 저녁 짓는 연기가 피어올라 안개처럼 퍼지던 광경을,

넷째 수에서는 온 종일 쏘다니다 지쳐서 누운 손자의 머리맡에 앉아 애정 어린 목소리로 옛이야기를 들려주시던 할머니와 주름살이 늘어 가는 어머니에 대한 그리움을 묘사하였다. 그리하여 독자로 하여금 잊었던 고향을 새삼 회상케 하는데 이 "고향생각"의 행간에도 앞에서 본 작품과 같이 어머니와 할머니 할아버지, 동무들에 대한 그리움이 흥건히 배여 있다.

세상이 많이 변했다고 하지만 나고 자란 과거가 묻혀 있는 고향은 언제나 옛 모습 그대로 뭉클한 향수를 피워 올린다. 비록 아득히 가물거리는 추억의 한 모서리일지라도 거기에는 스쳐온 삶의 자국들이 비바람 눈서리에도 풍화되지 않고 고스란히 남아 있다.

대체로 우리들의 고향도 이와 유사하다. 골짜기를 휘돌아 들판을 가로지르는 시냇물이 흐르고 사시사철 변화하는 자연의 오묘한 조화 속에 각양각색의 꽃이 피고 벌 나비와 더불어 온갖 새들이 노래하는 고토(故土)야말로 우리가 그리는 원초적인 서정의 묵정밭이며 회상의 보고(寶庫)라 해도 무방할 것이다.

그러나 무시로 향수를 불러일으키는 고향생각의 언저리에는 기쁘고 즐거웠던 일만 있었던 것은 아니다. 개개인에 따라 사정은 다를 수밖에 없지만 지난날 가난을 경험한 사람들에게는 대부분 남모르는 비애와 슬픔이 묻어 있기도 하다. 그래서 기쁨보다는 슬픔과 고통이 더 많았다고 느끼는 이들의 고향은 늘 눈물을 머금고 있다고 해도 과언이 아닐 것이다.

미소(美蘇) 짓는 승냥이의
발톱에 찢긴 조국산하

그 상처 너무 깊어 반 백년을 앓고 누워

앙상한
뼈대로 남아
피눈물을 흘리고

—「휴전선」 전문

인용한 작품에서 화자는 남북 분단의 원한에 사무친 조국 산하의 비운을 노래하고 있다. 한 마디로 휴전선이 생겨난 원인이 자국의 이익을 도모한 강대국들의 영향에 의해서라는 신념을 나타내고 있는 것이다. 미소를 순수하게 한글로만 표기하면 소리 없이 빙긋이 웃는 볼웃음 또는 아양을 떠는 눈웃음 등 여러 가지를 뜻한다. 하지만 미국과 소련을 아울러 칭하는 명사(名詞)를 형용동사로 바꾸어 "미소(美蘇) 짓는 승냥이의/발톱에 찢긴 조국 산하"라고 한 것은 이채로운 표현이다. 이는 보편적이면서도 개성이 돋보이게 하는 요인이라 하겠다.

최근의 천한함 폭침과 연평도 포격은 아직도 휴전 중인 분단의 현실을 입증하고 있으며 천인공노할 만행이라 아니 할 수 없다. 실로 있어서는 안 될 그 야만적인 광태(狂態)로 인하여 우리는 자칫 6,25보다 더 큰 비극의 도화선에 불이 붙을 뻔한 위기를 맞기도 하였던 것이다. 그 예상치 못한 도발과 응징이 만약 전면전으로 확대되었다면 지금쯤 우리는 어떻게 되었을까. 누구나 그 일을 생각만 해도 소름이 끼치는 동시에 안도의 한숨이 절로 터질 것이다.

치솟는 분노와 적개심을 억누르고 차분히 이성적으로 대처하여 일촉즉발의 위기를 넘긴 것은 다행한 일이다. 그러나 "그 상처 너무 깊어 반백년을 앓고 있다"는 화자의 육성과 같이 잊혀지기는커녕 날이 갈수록 가슴에 응어리진 한은 더 굳어만 가고 있으니 통탄하지 않을 수가 없는 것이다.

아무리 큰 슬픔도 괴로움도 세월이 가면 잊혀진다고 하나 그날의 상처가 치유되기까지는 또 얼마나 울분을 삭이며 기다려야 할지 짐작조차 아득하여 화자는 "앙상한 뼈대로 남아/ 피눈물을 흘리고" 있다며 원통함을 설파하고 있다. 이는 남북분단의 현실에 대한 비탄인 동시에 공분을 억제하며 열원에 사무친 하소이기도 한 것이다.

작중 화자가 고향에서 밟아 온 세월의 자락에도 밝고 평탄했던 삶보다 어둡고 굴곡진 삶의 그림자가 드리워져 있음을 다음 작품에서 만나게 된다.

해와 달 끌어안고 굴려온 굴렁쇠다
한 삶의 뒤안길에 떨궈 놓은 길목에서
샛별로 앞을 밝히며 걸어온 길 캐본다.

꿈속의 별을 찾아 달려온 오늘이다
아버님 그림자로 한 발짝 다가서며
은하의 물길을 따라 조각배로 띄운다.

가문의 늪에 묻혀 숨쉬던 나날이다.
이마의 주름살도 머리의 서리꽃도
조상님 체취를 찾아 서책으로 엮는다.

세월을 곱씹으며 짚어보는 예순한 해
아둔한 머리 들고 문단에 이름 얹혀
묶어본 책 한 권의 무게 허정불여 그것이다.

—「허정불여」 전문

이 작품은 내재율의 의미를 감상하기에 앞서 '허정불여(虛靜不如)'라는 제재가 깊은 인상으로 시선을 끈다. 시인은 이를 "노자(老子) 16장의 치허극(致虛極) 수정독(守靜篤)의 문의(文意)를 빌어 자제(自題)"한 것이라 밝히고 있는데 여기에 담겨 있는 언어의 의미에는 오묘한 맛과 중량감이 실려 있음을 느끼게 한다.

작품 말미에 달려 있는 주(註)에서 알 수 있듯이 이는 박 시인이 현대시조와 한시, 그리고 이미 발표한 산문 등을 엮어 낸 회갑문집의 제목이기도 한데, 그 문집은 시인이 60평생을 살아오는 동안의 삶과 자아의식을 함축해 놓은 것이다.

화자는 자기가 걸어온 삶의 역정에 수레바퀴자국처럼 남아 있는 과거를 포괄하여 상징적인 표현으로 "해와 달 끌어안고 굴려온 굴렁쇠다"라고 정의하였다. 그러나 탄탄대로 또는 평탄하고 넓은 운동장 같은 데서 굴렁쇠를 굴리며 재미삼아 놀이를 한 것이 아니라 "한 삶의 뒤안길에 떨궈 놓은 길목에서//샛별로 앞을 밝히며 걸어온 길"로 묘사하고 있다.

여기에서 또 주목할 것은 굴렁쇠의 이미지와 그 상징성이다. 굴렁쇠는 채로 방향을 잡아주지 않으면 구르지 않거나 엉뚱한 방향으로 굴러가고 만다. 그와 같은 속성을 지닌 굴렁쇠가 굴러가는 곳은 화자 자신이 꾀하는 삶의 목표며 지향점이라 해도 과언이 아닐 것이다. 그러한 측면에서 볼 때 화자는 꿈과 이상의 실현을 위해 나아가다가 갈림길에서 확실한 방향을 잡아 인생길을 걸어오며 채 잡이로서의 역할에 충실하였음을 증언하고 있는 것이다.

그 채란 것은 사물의 다양성과 현실을 도외시할 수 없는 인간의 본질적인 문제, 그리고 자연스럽게 수반되는 허와 실을 조절하는 등 흔들림 없는 가치관으로 삶을 영위해온 화자의 지혜와 의지를 의미한다.

따라서 화자가 일상 속에서 행한 모든 행동의 바탕에는 삶에 대한 올바른 가치의식이 깔려 있으며 변하지 않는 신념 또한 뚜렷이 자리하고 있음을 감지하게 된다. 말하자면 처해진 환경 속에서 피동적으로 끌려가지 않고 굴렁쇠를 굴리듯 능동적으로 인생의 예지를 추구하며 욕망의 충족을 위해 노력한 흔적을 엿볼 수 있다는 말이다.

앞에서도 말했듯이 화자는 우리 고유의 미풍양속 또한 중요하게 여기고 몸소 실천하며 선조의 유덕을 기리고 받드는 정성 또한 지극함을 내비치고 있다. 둘째 수에서 "아버님 그림자로 한 발짝 다가서며"라고 한 것이 이를 뒷받침하고 있으며, 셋째 수에서 "가문의 늪에 묻혀 숨 쉬던 나날" "조상님 체취를 찾아"라는 표현에서 화자가 각별히 중시한 덕목이 무엇인가는 능히 짐작할 수가 있다. 그러한 정신이 보다 진하게 배어 있는 것이 바로 다음과 같은 작품이라 하겠다.

장인(匠人)의 손놀림에
흙이 되어 흩날리고

살결은 찢어져도 지조(志操)만은 끝내 지켜
동량은
기개를 세워
사연들을 줍고 있다.

앙상한 뼈대 위에
얽히고설키더니

바르고 덧칠하며 묵은 때를 말끔 씻고
찬연한
내력을 안은
현판(懸板)마저 찬연(燦然)다.

—「성모재를 보수하고」 전문

인용한 작품은 화자가 주도하여 퇴락한 재실을 보수하는 과정에서 직관적으로 보고 느낀 소회를 가감 없이 형상화한 것이다. 장인(匠人)들이 낡은 재실의 지붕과 벽을 뜯어낼 때 풀풀 날리는 먼지와 건물의 잔해를 화자는 생멸(生滅)의 원리로 지각하여 흙이 되어 흩날린다고 했다.

이러한 심상 표출은 우리로 하여금 흙에서 왔다가 흙으로 돌아간다는 말을 떠올리게 하며 어딘지 모르게 조락의 언덕에 선 나그네의 심사처럼 설핏한 여운을 남기기도 한다. "살결은 찢어져도 지조(志操)만은 끝내 지켜"라고 한 술회는 하나의 건축물, 즉 성모재(誠慕齋)라는 대상을 의인화한 수법이며 "기개를 세워 사연들을 줍고 있다." 역시 거기 얽힌 내력과 역사의 이면을 더듬어 헤아리고 있다는 의미이다.

그러한 연유로 앞에서는 지난 날 위엄을 갖추었던 재실이 낡아 헐리는 모습에서 파생된 감정을 감각적으로 이미지화하고, 뒤에서는 본래와 같은 모습으로 기능할 수 있다는 확신을 가지고 심기일전하여 "묵은 때를 말끔 씻고" "찬연한 내력을 안은 현판(懸板)마저 새롭다"고 만족스러움을 나타내고 있다.

앞에서는 다소 어둡고 우울한 심경을, 뒤에서는 밝은 마음, 즉 현실을 흐뭇하게 수용하는 태도를 취하고 있는데, 이는 당초의 우려가 기우였음을 깨닫고 안도하며 기쁘고 즐거운 마음으로 미래를 예상한 데 기인한 심경의 변화라고 하겠다.

아무튼 재실을 보수하기 전후의 심상이 극명하게 변화한 까닭은 화자가 선대의 얼이 스며 있는 유적을 온전히 보전하기 위해 노심초사한 때문이라 여겨진다. 다시 말해서 이러한 심상 변화는 무엇보다 선대에 누를 끼치지 않아야 한다는 윤리의식과 외경심에서 비롯된 것으로 보인다. 이와 같은 사실이 박 시인의 정신과 가치관, 그리고 신념을 반영하고 있음을 넉넉히 이해할 수가 있는 것이다.

양머리
걸어놓고

개고기 파는 세상

목석도 아니면서 깎아내고 덧칠하고

배꼽의
방울을 보고
삽살개가 웃는다.

—「요지경」 전문

우리 사회에서 적지 아니 자행되고 있는 얄팍한 상술과 온갖 비리에 초점을 맞추어 일그러진 세태를 풍자한 이 작품에서 언뜻 생각나는 것은 양두구육(羊頭狗肉)이라는 고사의 의미이다. 예나 지금이나 세상에는 별별 사람이 다 있고 겉과 속이 전혀 다른 일들이 비일비재하다는 사실을 부인할 수 없는 것이 우리의 현실이다. 악이 선을 구축하고 거짓이 진실로 위장하여 사람들을 기만하는 일 또한 그 수를 헤아리기 어렵다.

어느 계층 어느 분야라 할 것도 없이 정의의 탈을 쓴 사위(詐僞)와 왜곡이 얼마나 많은지는 굳이 예를 들지 않더라도 누구나 짐작하고 있을 것이다. 문제는 자신의 이익만을 도모하여 온갖 수단과 방법을 가리지 않고 남을 기만하는 행위를 특별한 재주, 혹은 능력인양 착각하고 심지어는 그것을 뽐내거나 선망하는 부류도 없지 않다는 점이다.

이러한 사회상을 실제로는 질타하면서도 희화적으로 표현하여 역설의 묘미를 살리고 있는데 작품을 창작한 동기는 그릇된 풍조를 바로 잡고 사회정의가 구현되어야 한다는 의식에서 비롯된 것으로 보인다.

그러나 어떤 대상을 특정하지 않고 비정상적인 모든 것을 상징적으로 비유하여 독자로 하여금 이해와 판단을 유추케 하였다. 따라서 화자가 엮어 놓은 시구의 의미는 구체적으로 무엇을 상징하는 것이 아니라 모순을 포괄적으로 암시하여 여러 가지로 해석할 수 있는 여지를 남겨 두고 있다.

아이러니컬하게도 반어적 수사법으로 '양머리와 개고기', '깎아내고 덧칠하고', '배꼽 밑 방울', '삽살개' 등의 언어를 활용한 것은 매우 적절한 수법이라고 하겠다. 시사성 있는 주제를 다룬 시인의 의도가 무엇인가를 나름대로 짐작케 하는 등 의미 전달의 효과를 높이는 동시에 공감을 이끄는 요소로 작용하고 있음에서다.

이는 겉으로 보기엔 대상을 비아냥스럽게 형상화하여 실소를 머금게 하지만 안으로는 양심이 실종된 사회상을 심각하게 우려하고 있다는 반증이기도 한 것이다. 따라서 사회성을 주제로 한 이 작품은 그야말로 요지경 속처럼 알쏭달쏭 묘한 세상을 상징적으로 보여주면서 시인의 의식 또한 투사하는 반사경이라 해도 좋지 않을까 싶다.

푸르른 소나무에 둥지 튼 백학이여
끝가지 걸터앉아 고고하게 우는 뜻은

너와 나
가슴을 열어
풀어가란 뜻이다.

신들린 몸짓으로 온몸을 추썩이며
심금을 울려내고 끼룩끼룩 우는 뜻은
천년의
살아온 지혜를
깨우치란 뜻이다.

순백의 날개 펴서 회색다리 쭈뼛쭈뼛
창공을 나르다가 목 늘려 우는 뜻은
더 높은
세상을 향해
도전하란 뜻이다.

—「백학이여 울어 보렴」 전문

3수로 구성한 이 작품에서는 고뇌를 앓으며 냉철하게 자아를 성찰하는 화자의 진정성이 비쳐지고 있다. 시적 화자는 숨 가쁜 일상 속에서 앞만 보고 치닫다가 잠시 걸음을 멈추고 자기를 뒤돌아보는 한편 늘 푸른 소나무에 둥지를 틀고 있는 백학을 응시한다. 이는 물론 영감어린 관념의 소산이지만 마침 그때 소나무 가지에 앉아 유달리 고상하게 울고 있는 백학의 울음소리를 듣는다.

그 울음소리가 마치 옆을 돌아보지 않고 오직 홀로 외길을 가고 있는 자신을 충고하는 것만 같이 느껴져서 "너와 나/가슴을 열어/풀어가란 뜻이"라고 한다. 하지만 이는 반어적 표현이며 실제로는 자신이 저 백학처럼 고고한 기품과 우아한 자태를 지니고 싶다는 욕망을 은유한 것이다. 또한 그 물음에는 백학뿐 아니라 선비의 절개로 상징되는 푸른 소나무와 같이 지조 있고 고아한 모습을 지닌 존재를 선망하는 뜻도 포함되어 있는 것이다.

둘째 수와 셋째 수에서도 심금을 울리는 학의 울음소리에 관념을 실어 "천년의/살아온 지혜/깨우치란 뜻이다" "창공을 나르다가/목 늘려 우는 뜻은//더 높은/세상을 향해/ 도전하란 뜻이다"라고 거듭 설명하는데 그 진의는 역시 학을 닮고 싶은 마음을 표출한 것으로 보인다.

그러나 한편으로는 자신을 백학과 소나무로 상징한 것이란 견해가 따르기도 한다. 그러한 측면에서 보면 이는 백학이 가르치는 것이 아니라 백학으로 상징한 화자 자신을 향한 깨우침에 다름 아니다.

어쨌든 세상을 살아가면서 진실로 고뇌하며 냉철하게 자아를 성찰하고 새로운 지표를 설정하여 나아가기란 결코 쉬운 일이 아니다. 설사 의지를 다지고 실행에 임하더라도 뜻을 이루기는 더욱 어려운 것이다. 그러함에도 자아를 반성하고 보다 나은 내일을 위해 새로운 이상의 도약을 꾀함은 매우 고무적인 현상이라 하겠다.

시적 화자는 소나무, 백학, 고고한 울음소리, 신들린 나래, 창공을 나르다가 등 시각적, 청각적 이미지에 의한 묘사와 반어적 표현을 통해 자아의식을 진솔하게 나타내고 있다.

따라서 이는 현실적 삶에 이끌리고 있는 자신을 헤아리는 깊은 사유와 고뇌를 형상화한 서정적 감각이 여실히 드러나는 작품이라 하겠다.

고향 땅 가고파서
밤새워 울던 두견

애간장 녹이다가 토해낸 각혈덩이
앞산을
온통 물들여
울긋불긋 칠한다.

고희의 자락 잡은
어릴 적 소꿉친구

여울을 뒤지다가 추억도 캐보다가
꽃송이
아름 꺾어다
어머님께 올린다.

—「진달래꽃」 전문

인용한 작품에서 화자는 진달래꽃을 대상으로 하여 주관적인 관념을 나타내고 있다. 가고파도 갈 수 없는 고향을 그리는 마음에는 한의 정서가 서려 있기 마련이지만 화자는 "진달래꽃"을 처절하리만치 아픈 목소리로 상징성 있게 묘사하고 있다. 진달래꽃은 우리의 생활 주변에 위치한 앞뒤 동산 어디에서나 흔히 접할 수 있는 봄 한철의 경물(景物)이다. 그러나 여기에 피어 있는 진달래꽃은 특별한 의미를 갖는다.

계절의 변화에 따라 봄이면 따스한 햇살 아래 꽃을 피우는 진달래

꽃의 색깔을 "고향 땅/ 가고파서 밤새워 울던 두견"이 "애간장을 녹이다가 토해낸 각혈덩이"로 인식하여 그 핏덩이가 만산을 울긋불긋 물들이고 있다는 것이다.

고향이 얼마나 사무치게 그리우면 이토록 피맺힌 절규가 곡진하게 토해지는 것일까. 하지만 작중 화자 자신이 그와 같은 환경이나 처지에 당면해 있어서가 아니라 그러한 경우를 상정하고 그 정서를 인유하여 형성한 관념의 소산이다.

이 작품 첫 수는 옛날 중국의 촉나라 망제가 억울하게 나라를 빼앗긴 한을 풀지 못한 채 죽어 두견이 되었다는 전설과 조선조 때 숙부에게 왕위를 빼앗기고 어린 나이에 청령포로 유배되어 원통하고 슬픈 심사를 피눈물로 읊었다는 단종(端宗)의 자규시(子規詩), 그리고 먼 옛날 변방으로 끌려간 병사가 고향에 계시는 부모형제를 그리며 피울음을 울었다는 전설 속의 슬픈 사연들을 연상케 한다.

진달래는 두견화, 불여귀(不如歸) 등 여러 가지 이름으로 불리고 있으며 이별의 슬픔과 눈물어린 사연을 안고 있는 접동새, 소쩍새와 함께 그 이름만큼이나 많은 전설을 지니고 있기에 그러한 상징성을 상기한 것이 이 작품 생성의 동기가 되었다고 하겠다.

둘째 수에서는 무상한 세월에 떠밀려 고희의 자락에 다가 선 작중 화자 자신을 응시하며 세월의 저편에 아련히 가물거리는 어릴 적 고향을 추억한다. 소꿉동무들과 여울에서 고기잡이를 하던 일이며 온갖 옛일들을 회상하는 가운데 문득 진달래꽃을 한 아름 꺾어다가 어머님께 안겨드린 일을 떠올리며 사모의 정을 나타내기도 하였다.

누구에게나 고향은 그리움의 원천이며 불망의 땅이다. 때문에 고향과 어머니를 그리는 마음에는 찡한 울림과 가슴 저미는 애상이 배어 있는지도 모른다. 살아가다가 우울하고 고달픈 고비에 다다를 때 가장 순수하고 조건 없는 사랑을 베풀어주신 어머니를 생각하는 건 인지상정일 것이다.

화자가 애틋하게 그리는 어머니는 이 세상 모든 자식들의 어머니라고 해도 무방할 것이다. 그러기에 누구에게나 어머니는 그 이름만으로도 아름답고 위대한 존재이며 그 사랑은 밤하늘에 빛나는 별빛보다 찬란하게 비쳐지는 것이리라. 자식들을 위해서라면 어떤 희생도 마다하지 않고 죽음도 불사하는 그 존귀한 모성, 깊고 넓은 원초적 애정, 그리고 끝없는 연민과 고귀한 관념의 소유자인 그 손길에 의하여 우리는 이 세상에서 오늘을 살고 있기에 광망(光芒)이 쌓일수록 어머니는 더 없이 애달픈 모습으로 사무치게 다가오는 것인지도 모른다.

박영록 시인은 보편적인 정서를 형상화하면서 작품의 내면에 자신의 심사를 투영하고 있다. 따라서 이 작품집에는 고향과 부모와 조부모, 소꿉동무들이 적지 아니 등장하고 있으며 설정된 인물과 관련된 사연들을 구체적인 행위로 사실감 있게 재생한 작품을 상당수 만날 수 있는데 거기에는 한결같이 그리움의 정서가 진하게 배어 있다.

지금까지 몇 작품을 음미해보았지만 주마간산 격으로 감상하고 피력한 주관적인 견해가 시인의 의도에 얼마만큼 근접하였는지는 알지 못하며 다만 옥에 티가 되지 않기를 바랄 따름이다.

오늘에 이르기까지 온갖 희로애락의 우여곡절로 점철된 인생도정에서 지혜로운 마음으로 부단히 인간과 사물의 이치에 순응하며 보편적인 정서를 형상화해 왔듯이 앞으로도 빛나는 여일을 위해 더욱 분발할 것을 기대하며 무사(蕪辭)를 접는다.

2017년 꽃 피는 계절에
삼성산 기슭에서

박영록 시조집

산노을 물 물소리

1판1쇄 발행 2017년 10월 20일

지 은 이　박 영 록
펴 낸 이　김 진 수
펴 낸 곳　**한국문화사**
등　　록　1991년 11월 9일 제2-1276호
주　　소　서울특별시 성동구 광나루로 130 서울숲 IT캐슬 1310호
전　　화　02-464-7708
팩　　스　02-499-0846
이 메 일　hkm7708@hanmail.net
홈페이지　www.hankookmunhwasa.co.kr

책값은 뒤표지에 있습니다.

ISBN 978-89-6817-545-9　03810

이 도서의 국립중앙도서관 출판예정도서목록(CIP)은 서지정보유통지원시스템 홈페이지(http://seoji.nl.go.kr)와 국가자료공동목록시스템(http://www.nl.go.kr/kolisnet)에서 이용하실 수 있습니다.(CIP제어번호: CIP2017025345)